教育部人文社科基金一般项目（编号：18YJA630100）

顾客参与与自助服务补救机制研究

孙　伟◎著

Mechanism of Customer Participation in Self-service Technology Recovery

中国财经出版传媒集团

经济科学出版社
Economic Science Press

图书在版编目（CIP）数据

顾客参与自助服务补救机制研究 / 孙伟著. --北京：经济科学出版社，2023.6

ISBN 978-7-5218-4829-8

Ⅰ.①顾… Ⅱ.①孙… Ⅲ.①人工智能-应用-企业管理-销售管理-商业服务-研究 Ⅳ.①F274-39

中国国家版本馆CIP数据核字（2023）第109194号

责任编辑：杨 洋 杨金月
责任校对：王苗苗
责任印制：范 艳

顾客参与自助服务补救机制研究
孙 伟 著
经济科学出版社出版、发行 新华书店经销
社址：北京市海淀区阜成路甲28号 邮编：100142
总编部电话：010-88191217 发行部电话：010-88191522
网址：www.esp.com.cn
电子邮箱：esp@esp.com.cn
天猫网店：经济科学出版社旗舰店
网址：http://jjkxcbs.tmall.com
北京季蜂印刷有限公司印装
710×1000 16开 14印张 210000字
2023年6月第1版 2023年6月第1次印刷
ISBN 978-7-5218-4829-8 定价：50.00元
（图书出现印装问题，本社负责调换。电话：010-88191545）

前言

20世纪90年代以来，各类自助服务在金融、零售、航空、酒店、医疗、运输、公共政务等行业得到广泛应用。自动存取款机、自助收银机、在线购物、网络银行、移动支付、无人零售、机场自助值机、医院自助挂号缴费机、基于人工智能（AI）的服务机器人等自助服务已成为人们日常生活中不可或缺的一部分。与传统人际服务“低技术、高接触”的特点不同，自助服务的高技术含量及缺乏人际互动等特点使自助服务的失败在所难免，也使企业很难监控服务失败后顾客的反应，更难以采取及时有效的服务补救措施。因此，自助服务失败经常被企业所忽视。但相较于传统的人际服务，自助服务失败给企业带来的负面影响可能更大。在遭遇自助服务失败而又没有服务人员及时在现场提供帮助的情况下，顾客必须扮演服务人员的角色，独立承担自助服务补救工作。因此，理解顾客在自助服务失败后采取的应对措施及独立参与自助服务补救的影响机制，对服务营销管理领域的学者及提供自助服务的企业管理者而言都非常重要。

鉴于自助服务的各种优势，企业在推行自助服务的过程中，出于节省成本或简化服务流程的考虑，往往直接用自助服务强行替代人工服务（例如，地铁、在线购物、无人酒店等领域)，强迫顾客选择自助服务而不是人工服务来完成服务交付。在顾客不同使用意愿（强迫使用 vs. 自愿使用）的情况下，遭遇自助服务失败后的顾客会如何进行失败责任归因并作出何种应对？对于提供自助服务的企业而言，理解顾客在不同使用意愿情况下遭遇自助服务失败后的责任归因及其应对行为规律也显得非常重要。

众所周知，顾客在不同使用环境中会遇到不同的服务体验，而且他们往往会根据特定的服务情景来评估其服务感知价值。在日常生活中，经常会出现大量人群排队使用公共自助服务的情形（例如，地铁自助售票机、商店自助收银机、主题公园自助售票机、医院自助挂号缴费机等)，由此导致顾客拥挤感知明显增强。与此同时，使用公共自助服务的顾客也往往面临时间压力的限制。已有研究表明，拥挤感知、时间压力等压力情景因素会对顾客情绪及其服务体验产生重要影响。而在顾客遭遇自助服务失败后，压力情景因素如何影响顾客独立参与自助服务补救的意愿及其后续行为意向？这也成为服务营销管理领域的学者及推行自助服务的企业管理者所面临的一个重要议题。

近年来，自助服务失败及补救的研究逐渐受到国内外学者的关注。然而，相比于目前层出不穷的企业自助服务管理中的实践问题而言，现有自助服务失败及补救的实证研究却显得较为缺乏，与企业管理实践的需求相差甚远，无法为推行自助服务的企业提供有效应对自助服务失败的措施。现有相关研究的不足主要体现在以下三个方面：(1) 现有自助服务失败及补救的实证研究多是基于美国等发达国家，对发展中国家(例如，中国）的自助服务失败及补救研究却关注较少，尚未发现对中国顾客的在线自助服务失败及补救类型的研究。这与中国的在线自助服务的快速发展中的实践需求存在明显差距。(2) 现有自助服务研究延伸自信息系统管理领域，倾向于从“技术”层面来探讨自助服务采纳及持续使用行为，往往忽略了从“人”的层面对在自助服务使用（或持续使用）过程中遭遇服务失败后的顾客应对及参与自助服务补救的影响机制的研究。(3) 相比于现有丰富的传统人际服务补救研究，学

者们对顾客在自助服务补救中的角色及顾客独立参与自助服务补救的机制的研究仍较为缺乏。现有为数不多的自助服务补救研究集中在顾客—企业共同参与自助服务补救，而对顾客独立参与自助服务补救的影响机制却缺乏深入研究。目前尚不清楚顾客是否愿意以及在何种条件下愿意独立参与自助服务补救。

本书是在对自助服务失败及补救类型进行探索性研究的基础上，考察自助服务失败后顾客应对及独立参与自助服务补救的影响机制，全面揭示从遭遇自助服务失败到独立参与自助服务补救的整个服务接触流程中的顾客行为规律，为正在推行及准备推行自助服务的企业管理实践提供重要的理论支持和管理建议。

本书共包括6章。第1章为绪论。从实践和理论两个层面阐述本书的研究背景。从实践层面分析顾客在使用自助服务过程中所遭遇的服务失败现象及其影响，提出本书所要解决的实践问题。从理论层面概述了现有自助服务失败及补救的学术研究成果，指出现有研究不足，提出本书的学术研究问题。在此基础上，阐述了本书的研究目的及意义，介绍了本书的研究内容、研究思路及研究方法。

第2章为基础理论与研究回顾。首先，概括了权力接近-抑制理论、归因理论、压力应对理论等基础理论。其次，系统梳理和回顾了服务失败与自助服务失败、自助服务失败后顾客应对、服务补救与自助服务补救等领域的研究成果，提出现有研究不足，从而为本书研究提供理论基础。

第3章为在线SSTs失败及补救类型研究。采用关键事件技术法，对顾客在使用在线交易性自助服务中遇到的服务失败和服务补救事件进行分析，提炼出自助服务失败和补救的类型，为后续研究开展提供支持。

第4章为SSTs失败后顾客应对机制研究。采用情景模拟实验法，实证检验了本书构建的自助服务使用意愿对自助服务失败归因及顾客应对的影响，并考察自助服务失败严重程度调节作用的研究假设及模型。

第5章为顾客独立参与SSTs补救机制研究。采用情景模拟实验法，实证检验了本书构建的顾客独立参与自助服务补救研究模型。具体而言，考察 SSTs 使用拥挤感知对顾客情绪及其独立参与自助服务补救意愿的影响，考察顾客情绪的中介效应和时间压力、顾客心理韧性的调节效应。

第 6 章为总结。提炼本书的研究结论，并进行理论讨论；总结本书的理论贡献与创新点；从自助服务战略规划、开发设计、实施支持及运营管理等方面为企业提供管理启示和建议；总结本书的研究局限，提出未来的研究建议。

纵观全书，本书从权力接近—抑制视角为压力情景因素对自助服务失败后顾客应对及独立参与补救的影响机制作出了新的解释，拓展了权力接近—抑制理论；从顾客应对视角揭示了自助服务失败后顾客的心理反应机制，丰富了压力应对理论；从控制点归因和稳定性归因两个维度，揭示了失败归因在使用意愿对自助服务失败后顾客应对影响关系的中介效应，深化了服务失败归因理论；揭示了顾客独立参与自助服务补救的影响机制及边界条件，深化了对顾客独立参与自助服务补救的角色行为的理解。

本书的主要特点及创新之处主要体现在以下三个方面。

(1) 本书采用深度访谈法和关键事件法对中国顾客遭遇的在线自助服务失败及补救类型进行探索性研究，特别是从顾客参与程度的视角对自助服务补救类型进行了划分。与现有以美国等发达国家顾客为对象的自助服务失败及补救类型的研究相区别，同时也与传统人际服务失败及补救的类型研究相区别。

(2) 本书将“强迫使用”情景变量引入自助服务失败研究，以权力接近—抑制理论、归因理论及压力应对理论为基础理论，基于“刺激—有机体—反应”(S-O-R) 的逻辑框架，发展出使用意愿（强迫 vs. 自愿）对自助服务失败后顾客归因及其应对行为的影响机制模型框架，通过 3 个实验对该模型框架进行了验证，揭示了使用意愿对自助服务失败后顾客应对产生影响的“黑箱”。

(3) 本书将拥挤感知、时间压力等压力情景因素引入自助服务补

救研究，以权力接近—抑制理论及心理韧性理论为基础理论，基于“刺激—有机体—反应”（S-O-R）的逻辑框架，发展出“空间压力”（拥挤感知）、“时间压力”等压力情景因素，通过顾客情绪对顾客独立参与自助服务补救的影响机制模型框架，并通过3个实验对该模型框架进行了验证，揭示了拥挤感知、时间压力等压力情景因素对顾客独立参与自助服务补救产生影响的“黑箱”。同时还验证了顾客心理韧性的确是顾客情绪对顾客独立参与自助服务补救的影响边界条件。

总之，本书在对自助服务失败及补救类型进行探索性研究的基础上，研究了自助服务失败后顾客应对及独立参与自助服务补救机制，以求全面揭示顾客从遭遇自助服务失败到其独立参与自助服务补救的整个服务接触流程中的顾客行为规律，建立顾客参与视角的自助服务失败及补救研究的系统框架，推动当前服务营销管理研究领域中自助服务失败及补救的理论发展，并为正在推行及准备推行自助服务和人工智能服务的企业管理实践提供重要的理论支持和管理启示。从广义的视角来看，本书还有助于企业更好地迎接人工智能时代对企业服务管理工作提出的挑战。

本书是教育部人文社科基金一般项目《顾客参与自助服务补救机制研究：心理韧性视角》（编号：18YJA630100）的主要成果之一。在项目研究过程中，特别要感谢北京邮电大学经济管理学院唐守廉教授、武汉科技大学管理学院陈涛教授的悉心指导，还要感谢西澳大利亚大学商学院刘芳博士的无私帮助。此外，在项目研究过程中，笔者参考了大量国内外学者的研究成果（已在参考文献中列出），在此表示诚挚感谢。感谢武汉科技大学管理学院学术出版基金的资助。当然，由于笔者研究能力有限，本书的内容难免存在诸多不足之处，敬请各位读者不吝指教。

孙 伟

2022 年 12 月

目录
CONTENTS

第 1 章

绪 论

1.1 研究背景

1.1.1 实践背景

随着全球经济呈现出从工业经济向服务经济的转型，许多企业从制造型企业向服务型企业转变。企业主导逻辑从以商品为主导的逻辑转变为以服务为主导的逻辑（Vargo & Lusch，2004；钟振东和唐守廉，2013）。传统服务通过人际接触传递服务，信息技术和网络技术的普及以及顾客需求的多样性，改变了传统服务的很多特性。与产品的生产和营销模式不同，服务的生产和消费需要顾客扮演“共同生产者”（Lengnick-Hall，1996），甚至是“部分员工”的角色（Hsieh et al.，2004；Bettencourt et al.，2002），顾客需要参与服务交付过程以满足其服务需求（Bendapudi & Leone，2003）。顾客不再是价值的毁灭者，而是和企业共同创造价值（钟振东和唐守廉，2014）。理解和管理顾客参与行为，可以帮助企业从顾客视角降低成本，并改善服务体验，最终提高企业竞争能力（Groth，2005）。可以预见，服务业的增长将在一定程度上受到数字时代服务技术（例如，人工智能技术、聊天机器人和自助服务技术）快速发展的推动（Wan & Chan，2019）。

自助服务技术在企业服务交付过程中扮演着越来越重要的角色（Lin & Hsieh，2011；Meuter et al.，2000）。越来越多服务企业鼓励顾客通过自助服务技术参与服务生产和交付流程（Lim，2012），顾客也越来越多地通过自助服务或与服务提供商合作，积极参与商品和服务的联合生产（Claycomb et al.，2001）。

自助服务技术（self-service technologies，SSTs），又称基于技术的自助服务（technology-based self-services），是一种能够使顾客在没有服务人员直接介入的情况下独立生产某种服务的技术界面（Meuter et al.，2000）。SSTs 有许多不同于人际服务的特性，例如，顾客与服务人员接触的更少，顾客借助 SSTs 主动提供核心服务。泽丝曼尔等（Zeithaml et al.，2006）认为，SSTs 完全由顾客自行生产，没有任何企业服务人员直接介入或在企业服务人员之间进行互动。余宙婷和舒华英（2012）则将 SSTs 定义为“一种顾客通过与技术界面互动，在不需要服务人员直接介入的条件下，按照一定的服务规则自行生产和消费服务产品的新型服务形式”。综上所述，学者们对 SSTs 的定义都强调在服务交付过程中顾客不直接接触服务人员，而是借助服务企业提供的机器或技术完成服务生产。

20 世纪 90 年代以来，SSTs 已在金融、零售、航空、酒店、医疗保健、运输、公共政务等行业得到广泛应用。自动存取款机、自助结账收银机、在线购物、网络银行、移动支付、虚拟试衣间、无人零售店、航空自助值机、医院自助值机、人工智能服务机器人等已成为人们日常生活的常态。例如，在零售行业，赛百味（Subway）、麦当劳和汉堡王从 2006 年就开始试验自助点餐机；苏宁易购从 2017 年开始推出自助结账收银亭；亚马逊从 2018 年 1 月就开始推出亚马逊无人超市（Amazon Go）。NCR 公司 2008 年的调查数据显示，83% 的中国消费者更愿意使用 SSTs 进行交易（PCWEEK，2008）。美国加利福尼亚州移动支付解决方案提供商 Tillster 公司预测，到 2024 年自助服务亭市场规模将达到 308 亿美元（Kelso，2019）。

近年来，人脸识别等人机交互技术在移动支付领域的应用场景不断丰富。特别是受新冠疫情的影响，我国网络购物及网络支付用户持续增长。

中国互联网信息中心数据显示，截至2022年12月，我国网络购物用户数量达8.45亿人（占我国网民的79.2%），我国网络支付用户数量达9.11亿人（占我国网民的85.4%）[①]。尤其是随着人工智能技术和机器人技术正以指数级速度快速发展，SSTs越来越多地出现了新兴的智能和AI互联技术。依赖于服务机器人的最新一代SSTs（Severinson-Eklundh et al.，2003）可以部分或全部替代人工服务员（Edwards，2014；Oh et al.，2013）（例如，驾驶、家政服务、餐厅服务等），在降低成本的同时也能提高对顾客的服务水平（Allmendinger & Lombreglia，2005；Bitner，2001）。数据显示：2019年，全球服务机器人市场规模达到128.8亿美元，预计到2027年，服务机器人的全球市场规模将达到4154.9亿美元，复合增长率为15.9%[②]。面向顾客的服务机器人已经在旅游、酒店、医疗健康、金融、教育、物流、家政等服务行业运营中得到广泛应用（Ivanov et al.，2017）。例如，酒店大堂引入服务机器人来欢迎客人、提供信息和招待客人；机场服务机器人帮助乘客扫描登机牌，并找到正确登机口；自动移动检票亭机器人检测到繁忙区域，自动前往帮助乘客减少等待时间。特别是由于新冠疫情暴发，医疗服务机器人需求剧增，这些机器人可以检测体温或接管消毒工作（Paluch et al.，2020）。例如，2015年在日本开业的海茵娜酒店（Henn-na）是全球第一家在其整个酒店运营过程中主要使用服务机器人的酒店，服务机器人承担礼宾服务、入住登记、行李托运和室内援助的工作（Guardian，2015）；希尔顿酒店与IBM合作，试验了世界上第一个机器人服务员，为客人提供当地景点、餐厅、酒店设施等方面的信息（Davis，2016）；喜达屋旗下的雅乐轩酒店引入了机器人管家为客房提供设施（Crook，2014）；阿里巴巴旗下的未来酒店菲住布渴（FlyZoo Hotel）更是实现了从顾客入住酒店到退房等全流程由智能手机和服务机器人协助完成服务交付（轻客智能，2019）。传统的SSTs和AI服务将更加紧密地交织在

---

① 中国互联网信息中心. 第51次《中国互联网络发展状况统计报告》[R/OL]. 2023-03-02.

② Fortune Business Insights. Service Robotics Market Size Report and Industry Forecast [EB/OL]. 2020-10-01.

一起，这使得对顾客如何应对 AI 服务失败的研究变得更加值得重视（Huang & Philp，2020）。

对企业而言，SSTs 取代了以往顾客和服务人员的直接交流与互动（Robertson & Shaw，2006），大幅度提高了服务企业的服务效率（Bitner et al.，2000），同时也能为企业节约人工、管理、运营等成本（Curran et al.，2003）。对顾客而言，SSTs 为其带来诸多利益，例如，减少服务等待时间、服务便利、技术乐趣、改善购物环境等（Wang et al.，2013），而且顾客与 SSTs 的互动性能增加顾客对 SSTs 的感知控制（Zhu et al.，2013），顾客自己完成服务过程的成就感与满足感也是传统人际服务无法比拟的（白琳，2008）。

然而技术并不总是完美的，除了能够带来以上众多利益之外，SSTs 的推行也会导致服务缺少个性化和人性化，还可能给顾客带来紧张、技术焦虑和挫败感（Mick & Fournier，1998），甚至还会使顾客因怀疑自己无法完成 SSTs 的操作而放弃使用（温孝卿和郭芳，2014），最终导致顾客流失、企业利润减少等负面后果（张圣亮和杨俊，2009）。因此，企业在实施和管理 SSTs 的过程中仍面临顾客对 SSTs 的抗拒（Collier et al.，2015；Leng & Wee，2017），并非所有的顾客对 SSTs 都充满热情（Bitner et al.，2002），很多顾客还是不愿使用，因此很多 SSTs 市场的渗透率并不高（赵保国和余宙婷，2016）。例如，中国有 3 家餐厅因为服务差而被迫“解雇”服务机器人员工，其中两家因为顾客高度不满意而关闭（Molloy，2016）。与此同时，SSTs 的设计和实施往往需要大量投入。以服务机器人为例，服务机器人成功实施工作通常需要购置成本、IT 专家和程序员的开发、虚拟网络构建、系统安装及维护等方面的投资。数据显示，成功实施聊天机器人的回报周期通常低于 12 个月（Bornet et al.，2020）。因此，对于服务企业而言，如何有效推行 SSTs，使其顺利被顾客采纳并持续使用就显得非常重要。

因为服务本身所具有的高度不确定性，导致零缺陷的服务不可能达到（Bitner et al.，2000）。服务失败是指企业所提供的服务没能达到顾客期望的情况（Smith et al.，1999）。虽然 SSTs 具有以上诸多优势，但是 SSTs 因

其“高技术、低接触”的特点而与传统人际服务“低技术、高接触”的特点有显著不同。在传统人际服务失败时，顾客可能必须通过和服务人员接触去解决问题。然而在SSTs环境中，大多服务企业由于缺乏对远程SSTs设施实时补救的能力，导致顾客在SSTs出现失败后无法及时接触到服务员工，这使监控服务失败以及及时有效进行服务补救变得更困难（Forbes，2008；Mattila et al.，2011；Dabholkar & Spaid，2012）。尽管企业已投入大量精力使SSTs更加可靠，但是SSTs具有技术含量及缺乏人际互动等特点使SSTs的失败在所难免（Robertson et al.，2012；Honig & Oron-Gilad，2018；Washburn et al.，2020）。现有的传统服务补救策略在SSTs失败后的补救工作中面临着挑战（Zhu et al.，2013）。尤其是当顾客缺乏SSTs使用经验时，SSTs失败会比传统人际服务失败更容易发生（彭艳君，2018）。例如，在金融行业，银行自助取款机（ATM）吞卡、吞币等故障问题时有发生。

虽然顾客参与SSTs价值共创的意愿越高，顾客越满意，但顾客参与SSTs价值共创的同时也会增加SSTs失败的负面不确定性（Heidenreich et al.，2015）。顾客与服务人员之间极少或没有直接互动，仍然对顾客成功完成SSTs构成威胁，因为SSTs使监控和补救服务失败变得更困难（Forbes，2008；Dabholkar & Spaid，2012；Robertson et al.，2012）。在SSTs失败后，由于缺乏顾客与服务人员的直接互动，加上补救延迟（Crisafulli & Singh，2017），顾客往往会产生无助感和后悔，甚至导致顾客产生被强迫参与SSTs补救的感觉（Heidenreich et al.，2015），从而加剧顾客的不满（Tan et al.，2016），顾客抱怨比例高于传统人际服务环境（Meuter et al.，2000），传播负面口碑，甚至放弃该SSTs而去寻求其他服务渠道（Zhu et al.，2013），最终导致顾客流失和利润减少（张圣亮和杨俊，2009）。此外，研究还表明，SSTs失败没有得到顾客满意的处理，这对建立持续的顾客关系构成威胁（Forbes et al.，2005）。

点源公司（Point Source，2018）调查显示：80%的美国受访者对聊天机器人的帮助感到不满意，71%的美国受访者对店内聊天机器人的使用体验感到不满意①。顾客对 SSTs 不满意的原因有 60% 是因其在使用过程中出现了服务失败（Bitner，2001）。甚至有研究指出，SSTs 创新失败会导致超过一半的顾客发生服务转换行为（Keaveney，1995）。斯佩尔曼和维特卡里（Snellman & Vihtkari，2003）还指出，在 SSTs 失败后，大多数顾客往往不是选择向企业投诉，而是进行负面口碑传播，甚至停止使用该 SSTs。由此可见，SSTs 失败给服务企业带来的负面影响更不容易被企业所监控并作出及时反应，企业要进行有效 SSTs 补救变得更困难（Dabholkar & Spaid，2012）。

而在 SSTs 失败发生后，由于没有服务人员能够立即赶到现场，所以顾客必须作为“部分员工”，贡献自己的努力、时间或其他资源进行“自我补救”（Meuter et al.，2000），承担部分或全部补救工作（Claycomb et al.，2001）。也就是说，SSTs 补救的参与主体不再只是企业，顾客也可以部分参与或全部参与 SSTs 补救（彭艳君，2015）。

因此，加强对 SSTs 失败后顾客反应的研究，对于正在准备提供或者已经在运营 SSTs 渠道的企业而言至关重要（Chen et al.，2021）。在 SSTs 失败后，顾客又会如何参与服务补救以完成服务？企业应该如何采取措施提高顾客参与 SSTs 补救的意愿，尽量挽回不良影响（例如，顾客抱怨、负面口碑及顾客流失）？这些问题至今仍没有得到很好的解决。

1.1.2 理论背景

国内外服务营销管理领域的学者对顾客在服务生产和传递中所承担的责任做过大量研究（例如，范秀成和刘建华，2004；汪涛和望海军，2008）。顾客参与一直是服务营销管理领域的研究热点。已有研究表明，顾客参与能提高服务生产效率并降低成本（Lovelock & Young，1979），积极影响服务质量感知（Ennew & Binks，1999）、顾客满意（Dong et al.，2015）、顾客忠诚（Auh et al.，2007），以及顾客重购意愿（Chen & Chen，

① 199IT. Point Source：美国消费者对客户服务的耐性只有 5 分钟［EB/OL］. 2018－03－01.

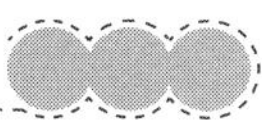

2017）。而且顾客参与还有助于提高服务补救满意（Dong et al.，2008）。SSTs 被认为是顾客参与程度最高的服务形式（Zeithaml et al.，2006）。然而，现有研究却在顾客参与对个人心理反应的影响方面仍缺乏必要的认识（Chen，2018）。

现有服务失败研究多集中在传统服务领域，对 SSTs 失败的研究相对较少（Robertson & Shaw，2009；Lee et al.，2010；魏君育，2011）。一方面，现有研究主要关注企业对服务失败的反应（例如，Dabholkar & Spaid，2012），以服务企业主导服务补救为主，而对顾客遭遇服务失败后的应对策略，以及作为服务的共同生产者的顾客在服务补救中的角色（即顾客参与服务补救）却尚未被探索（Dong et al.，2008；Lawlo et al.，2013）。另一方面，现有顾客参与的研究则主要集中在“成功的”共创服务接触环境（Prahalad & Ramaswamy，2004），而对“失败”的共创服务接触中的顾客参与（例如，顾客参与服务补救）的研究却比较缺乏。董等（Dong et al.，2011）指出，在以往研究中，顾客在与企业进行服务共创（例如，服务补救）中的作用几乎没有受到学者的关注。万和陈（Wan & Chan，2019）指出，基于技术的服务激增给整个服务行业带来了新的机遇和挑战，但是对于基于技术的服务失败以及服务补救的研究还非常有限。昆茨等（Kunz et al.，2019）也指出，服务营销管理领域的学者已经广泛关注到新兴技术对服务业的影响，但是针对特定应用环境的研究却显得不足，从而使得现有研究成果对服务管理实践的指导价值欠缺。

20 世纪 90 年代至今，服务营销管理领域的学者一直在探索技术在服务交付中的作用（Chen et al.，2021）。然而，面对 SSTs 这样一种新兴事物，无论是国外还是国内的研究都与其现实的快速发展现状不相匹配（余宙婷和舒华英，2011）。现有 SSTs 研究延伸自信息系统（IS）管理领域，主要是基于技术接受理论，研究主题集中在 SSTs 采纳及持续使用行为（例如，Chen，2018；彭艳君和高翁君，2017；Shim et al.，2020），而对 SSTs 采纳后的行为结果——SSTs 失败及 SSTs 补救的研究却十分薄弱（郑秋莹等，2012），而且过于偏向于技术，忽略了顾客的个体差异，对顾客心理的探讨非常少（韦斐琼等，2016）。现有对顾客参与 SSTs 补救的影响因素、维度及结果的研究则几乎空白（彭艳君，2015），尚未形成对 SSTs 失败及补救的系统理论框架和研究。

近年来，SSTs 失败以及补救的研究逐渐引起国内外学者的关注（例如，彭艳君，2015；刘顺忠和陈凡，2015；黄静等，2013；Vaerenbergh，2018）。服务营销管理领域的学者普遍认为，传统的服务补救策略可能无法直接转移到在线 SSTs 情景中（Shapiro & Nieman-Gonder，2006；Harris et al.，2006；Meuter et al.，2003；Sousa & Voss，2009；彭艳君，2015）。而且现有研究仍无法充分理解 SSTs 失败对顾客使用行为的影响，也无法回答该如何管理 SSTs 失败（Dabholkar & Spaid，2012）。服务营销管理领域的学者及企业管理者迫切需要了解顾客对 SSTs 失败及服务补救工作的反应（Mattila et al.，2011；Shapiro & Nieman-Gonder，2006；Meuter et al.，2003；Mattila et al.，2009）。道和西奥托基斯（Dao & Theotokis，2021）还指出，现有对 SSTs 补救方法的实证研究仍然很少，而且与企业实践需求相差甚远。总而言之，顾客参与 SSTs 补救的理论研究显得尤为必要和迫切。

1.2 研究目的及意义

1.2.1 研究目的

本书的目的是在对 SSTs 失败及补救类型进行探索性研究的基础上，重点考察 SSTs 失败后顾客应对及独立参与 SSTs 补救机制，以求全面揭示顾客从遭遇 SSTs 失败到其独立参与 SSTs 补救的整个服务接触流程中的顾客行为规律，建立顾客参与视角的 SSTs 失败及补救研究的系统框架，推动当前服务营销管理研究领域中 SSTs 失败及补救的理论发展，并为正在推行及准备推行 SSTs 的企业管理实践提供重要的理论支持和管理启示。具体而言，本书的研究目的体现在以下四个方面。

第一，探索在线 SSTs 失败及补救类型。本书以在线 SSTs 作为研究对

象，采用关键事件技术法，通过调查顾客在使用在线交易性 SSTs 中遇到的服务失败事件和经历，对 SSTs 失败及补救类型进行探索性研究。

第二，揭示 SSTs 失败后顾客的应对机制。主要回答的问题是：在遭遇 SSTs 失败后，顾客会如何对 SSTs 失败进行责任归因？并作出何种应对策略？本书通过情景模拟实验法收集数据，并对研究模型和假设进行验证。

第三，揭示顾客独立参与 SSTs 的补救机制。主要回答的问题是：拥挤感知（空间压力）和时间压力等压力情景因素如何影响 SSTs 失败后顾客独立参与 SSTs 补救的意愿？本书通过情景模拟实验法收集数据，并对研究模型和假设进行验证。

第四，基于上述三个子研究结论，本书还将为正在推行或准备推行 SSTs 的企业提供相关管理实践启示和建议。

1.2.2 研究意义

1. 理论意义

本书的理论意义体现在以下四个方面。

第一，本书将权力接近—抑制理论拓展至 SSTs 失败及 SSTs 补救研究，将考察在强迫使用、拥挤感知等压力情景下，权力感知对个体压力应对行为的影响。本书从顾客权力接近—抑制视角为 SSTs 失败后顾客应对及独立参与 SSTs 补救机制作出新的解释，将丰富服务营销管理领域的权力接近—抑制理论研究。

第二，与现有顾客参与对服务失败归因研究多聚焦于控制点归因不同，本书将从控制点归因和稳定性归因两个维度出发，考察 SSTs 失败归因在顾客 SSTs 使用意愿与 SSTs 失败后顾客应对行为的影响关系中的中介效应，以便全面揭示使用意愿对 SSTs 失败后顾客应对行为产生影响的内在机制，深化服务营销管理领域的服务失败归因理论研究。

第三，本书将压力应对理论从心理学研究拓展到 SSTs 失败研究，将顾客应对作为顾客对 SSTs 失败压力情景的心理反应，将为服务失败理论研究提供一个新的研究视角。本书将顾客应对划分为积极应对和消极应对两个维度，考察使用意愿（强迫 vs. 自愿）通过责任归因对 SSTs 失败后顾客应对的影响机制，这将丰富服务营销管理领域的压力应对理论研究。

第四，本书将服务补救研究从传统人际服务接触情景（企业主导）拓展到 SSTs 情景（顾客主导），聚焦于压力情景因素通过顾客情绪对顾客独立参与 SSTs 补救产生影响的内在机制，深化对顾客参与服务补救的角色行为的理解，丰富服务营销管理领域的服务补救理论研究。

2. 实践意义

本书将帮助金融、零售、旅游、医疗等企业的 SSTs 投入与运营管理决策提供重要的理论支持及管理建议。具体而言，本书的实践意义主要体现在以下三个方面。

第一，本书对在线 SSTs 失败及补救类型的探索性研究将帮助推行 SSTs 的企业深入理解顾客在使用在线 SSTs 过程中遭遇的各类服务失败及补救行为，为其进行 SSTs 开发、运营及创新管理提供重要的理论支持，最终有效提高顾客在线 SSTs 的使用体验。

第二，本书将有助于正在推行 SSTs 的企业理解顾客在不同使用意愿（尤其是强迫使用）情景下遭遇 SSTs 失败后的顾客责任归因及其采取的应对行为规律，指导企业采取有效措施引导顾客产生积极应对策略，最大程度减少 SSTs 失败可能给顾客和企业带来的负面影响，还为企业推行 SSTs 的管理决策提供一定的理论支持。

第三，本书将帮助正在推行 SSTs 的企业，深入理解在遭遇公共 SSTs 失败后，顾客是否以及在何种情况下更愿意独立参与 SSTs 补救。本书还为企业提供了有价值的管理建议，以便采取有效措施来提高顾客独立参与 SSTs 的补救意愿。从广义的视角来看，本书还有助于帮助企业迎接人工智能技术对企业服务管理工作提出的挑战。

1.3 研究内容及思路

1.3.1　研究内容

本书的研究内容及基本架构如图 1－1 所示，具体研究内容包括以下 6 个部分。

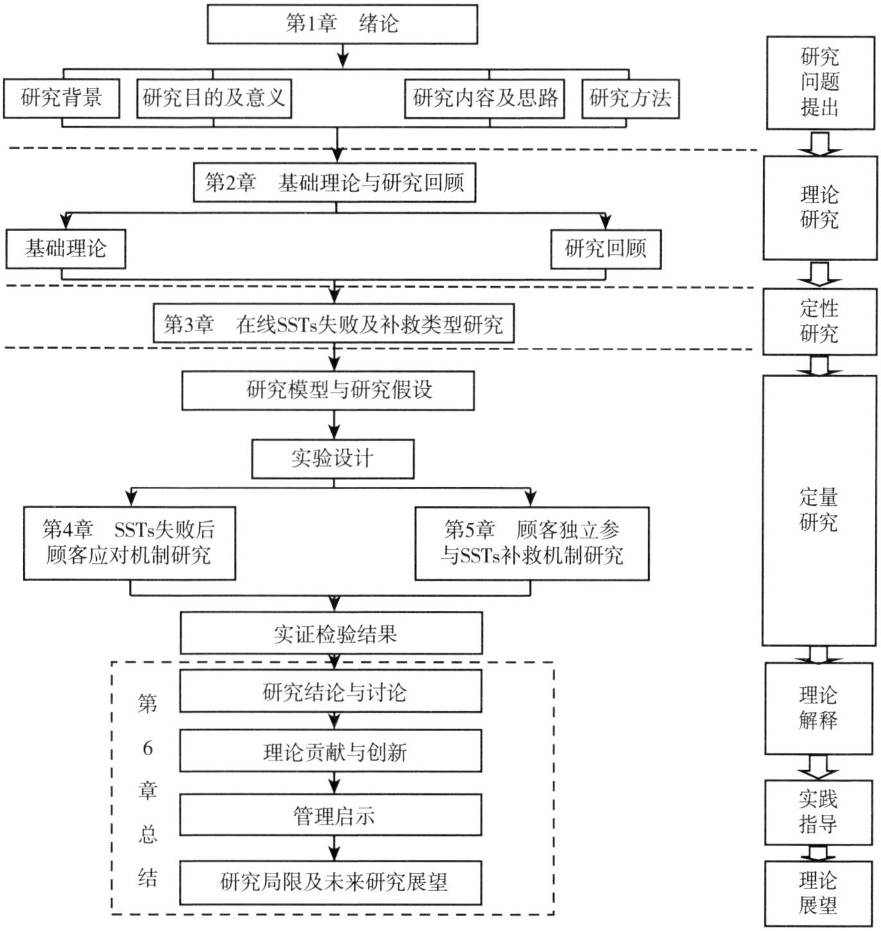

图 1－1　研究内容及基本架构

第 1 章是绪论。这部分的主要内容是阐述本书的研究背景、研究意义、研究内容、研究方法。重点关注顾客在使用 SSTs 过程中所遭遇的服务失败现象及其对服务企业和顾客的影响，提出本书所要解决的实践问题。与此同时，从现有的 SSTs 失败及补救相关的学术研究成果入手，通过对现有理论研究成果的梳理，从理论层面提出本书的学术研究问题。此外，还将深入分析本书的现实意义和理论意义，介绍本书的主要研究方法，对本书可能的创新之处进行阐述。

第 2 章是基础理论与研究回顾。这部分的主要内容是对权力接近—抑制理论、归因理论、压力应对理论和心理韧性理论等基础理论，服务失败与 SSTs 失败、SSTs 失败后顾客应对、服务补救与 SSTs 补救等现有研究成果进行系统梳理、总结及评述，发现现有的研究缺口，为本书开展后续研究提供理论基础。

第 3 章是在线 SSTs 失败及补救类型研究。这部分的主要内容是采用关键事件技术法，通过调查顾客在使用在线交易性 SSTs 中遇到的服务失败事件和经历，对在线 SSTs 失败及补救类型进行探索性研究，为后续研究开展提供支持，也为服务企业正确认识 SSTs 失败及补救提供一定的理论支持。

第 4 章是 SSTs 失败后顾客应对机制研究。以权力接近—抑制理论、归因理论和压力应对理论为基础理论，在对国内外有关 SSTs 使用意愿、服务失败严重程度、自我效能感、服务失败归因及顾客应对等研究成果进行梳理的基础上，基于“刺激—有机体—反应”（S-O-R）的逻辑框架，构建 SSTs 使用意愿对 SSTs 失败归因及顾客应对的影响并考察 SSTs 失败严重程度调节作用的研究模型。本章将采用情景模拟实验法收集相关数据，运用统计软件进行分析，并对研究假设及模型进行验证。

第 5 章是顾客独立参与 SSTs 补救机制研究。以权力接近—抑制理论和心理韧性理论为基础理论，在对拥挤感知、时间压力、顾客情绪、心理韧性及顾客独立参与服务补救等理论进行梳理的基础上，基于“刺激—有机体—反应”（S-O-R）的逻辑框架，本章将构建顾客独立参与 SSTs 补救的研究模型，考察 SSTs 使用拥挤感知对顾客情绪及其独立参与 SSTs 补救意

愿的影响，考察顾客情绪的中介效应和时间压力、顾客心理韧性的调节效应。本章将采用情景模拟实验法收集相关数据，运用统计软件进行分析，并对研究假设及模型进行验证。

第6章是总结。首先，将对本书的三个子研究的研究结论进行理论探讨，与现有研究进行“对话”。其次，总结本书的理论贡献与创新。再次，将基于以上三个子研究的研究结论，从SSTs战略规划、开发设计、实施支持及运营管理方面，为准备推行或已经推行SSTs渠道的企业提供相应的管理建议。最后，还将对本书的研究局限进行总结，提出未来的研究展望。

1.3.2 研究思路

本书的研究思路如图1－2所示。（1）通过对相关文献进行梳理，厘清各研究中变量的概念、测量维度，从整体上创建本书的理论分析框架。（2）采用焦点访谈以及关键事件法探讨SSTs失败和SSTs补救的类型。（3）对理论文献继续梳理，厘清各研究中变量之间的相互关系，确定各子研究的理论模型与研究假设。（4）采用情景模拟实验法分别探讨SSTs失败中的顾客应对机制、顾客独立参与SSTs补救机制。（5）对本书3个子研究的研究结论进行解释和讨论，为服务企业提出管理实践启示，总结研究贡献及研究局限，并提出未来研究展望。

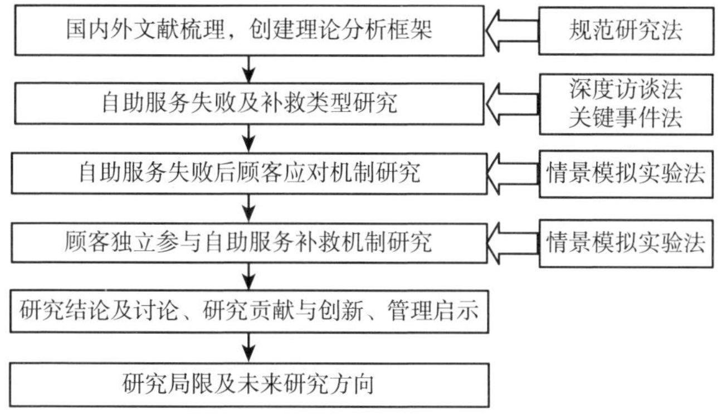

图1－2 研究技术路线

1.4 研究方法

1. 规范研究法

规范研究主要用于理论框架的构建。本书将在对 SSTs 失败及补救文献、权力接近—控制理论、归因理论、压力应对理论及心理韧性理论进行回顾的基础上，运用归纳和演译推理的方法，构建 SSTs 失败后顾客应对及顾客独立参与 SSTs 补救的理论研究框架。

2. 关键事件法

关键事件法，也称为关键事件技术（critical incident technique），是一种用来分类的定性分析技术，属于内容分析方法的范畴（张萍和符国群，2005）。该方法通过深度访谈法对相关受访者进行访谈，将受访者的注意力聚焦于特定事件，先让受访者回忆特定事件的整个过程，再对收集的材料或关键的事件进行分类（金立印，2005）。

该方法适用于任何有关分类的研究（Chell & Pittaway，1998），而且已经被广泛应用于服务营销管理的相关研究（例如，Forbes，2008；Liu，2013）。本书将采用关键事件法，对中国顾客遭遇的在线 SSTs 失败及补救类型进行研究，并与默特等（Meuter et al.，2000）以美国顾客为研究对象的研究进行对比，揭示中美在线 SSTs 失败及补救类型的差异及其产生的原因。

3. 情景模拟实验法

情景模拟实验法是在实验室中创造与现实高度类似的情景（即接近于基本真实情景），以便研究顾客在此情景中的自然反应。和观察性研究（例如，问卷调查）相比，情景模拟实验法可以更好地对其他变量进行严格控制，通过改变研究者希望改变的自变量，测量由此引起的因变量变化

(陈晓萍和沈伟, 2018)。阿茨米勒和施泰纳 (Atzmüller & Steiner, 2010) 研究指出，情景模拟实验法能有效排除混淆变量和情景依赖效应，同时保持了普适性。此外，海尔等 (Hair et al., 2006) 建议每个实验的最小观测值是20次。舒华和张亚旭 (2008) 认为，心理学实验中每组有20~30个参与者即可获得显著效果。

情景模拟实验法已被广泛应用于服务情景中对于顾客反应的研究 (Bues et al., 2017; Sloot et al., 2005; Sloot & Verhoef, 2008)。事实证明，情景模拟实验法在服务失败及补救研究中很有价值 (Smith & Bolton, 1998; Lee & Cranage, 2018)。福布斯 (Forbes, 2008) 也指出，研究人员需要开发交互式SSTs实验环境来研究SSTs失败。

在服务失败及补救研究中采用情景模拟实验法具有以下优势: (1) 该方法可以设计较为困难的实验操纵，避免了观察或实施服务失败相关场景产生的高费用、高时间投入以及道德问题 (Bitner, 1990; Gabbott et al., 2011)。(2) 实验情景避免了问卷调查中可能存在的记忆偏差和自身合理化引起的反应偏差 (McCollough et al., 2000)。当参与者被要求回忆过去的服务失败和服务补救经历时，他们通常会记住对他们产生更大影响的情况，而这些情况可能不能归纳为对此类消费事件的典型反应 (Hess et al., 2003)。(3) 实验情景具有有效性，实验环境中发现的结果可以扩展到生活环境 (Bateson & Hui, 1992)。

已有研究指出，学生样本具有较好的同质性，能够排除收入、职业方面差异的影响 (Shuptrine, 1975)，而且学生更有可能使用SSTs，因而更适合作为抽样样本 (Elliott & Hall, 2005)。现有SSTs研究均采用大学生作为实验参与者 (例如，曹忠鹏等, 2020; 黄静等, 2013)。

综上所述，本书拟采用情景模拟实验法，以在校大学生作为实验参与者，探究SSTs失败后顾客应对机制及顾客独立参与SSTs补救机制。

基础理论与研究回顾

2.1 基础理论

2.1.1 权力接近—抑制理论

心理学的动机理论认为，个体行为动机来源于追求享乐和规避痛苦两个主要目标。基于此，希金斯（Higgins，1997）的调节定向理论认为，个体在追求特定目标时会表现出接近目标的促进定向或回避消极情景的预防定向。卡佛和谢尔（Carver & Scheier，1998）提出了个体的行为抑制系统和行为接近系统，用来解释个体行为的“接近—抑制”效应。个体行为接近系统一旦被激活就会引发个体积极情绪和追求目标的行为，而行为抑制系统一旦被激活就会引发消极情绪和回避损失的行为。

凯尔特纳等（Keltner et al.，2003）将“接近—抑制”效应引入“权力”领域，提出了权力接近—抑制理论。该理论可以用来解释不同权力感的个体在行为和偏好上存在差异的原因。权力接近—抑制理论认为，高权力感的个体往往会认为自己拥有的资源（例如，经验和知识）较多而且行动自由，更多表现出积极情绪，更倾向于关注奖励、成功、收获等相关积极信息，更多表现出追求成功的意愿、风险承担能力和摆脱束缚的积极行为（Keltner et al.，2003）。相反，低权力感个体往往会认为自己拥有的资

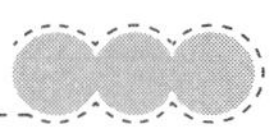

源较少而且行动受到约束，更多表现出消极情绪（例如，失落、挫败），更倾向于关注环境中惩罚、威胁、失败等相关消极信息，更多表现出回避消极后果、避免损失的主观倾向和拘泥于情景的受限消极行为（Smith & Bargh，2008）。

已有研究表明，权力感高的个体往往更加自信，能快速作出决策并达成目标；权力感低的个体则往往不自信，担心损失而选择采取回避型应对策略（Anderson & Berdahl，2002）。而且权力感较高的个体在风险感知方面更为乐观，倾向于关注期望收益，较少感知到潜在损失（Fast et al.，2012），但是权力感较低的个体对奖励和威胁的感知则完全相反。

2.1.2　归因理论

归因理论是一个关于人们如何对自身及他人的行为结果作出因果解释的理论（Kelley，1973）。个人倾向于解释各种情况/事件，并为这些事件或行为指定原因（Weiner，2008）。人们往往会从控制点、稳定性和可控性 3 个维度对他人的行为结果进行解释（Weiner et al.，1979；Weiner，1985）。

其中，控制点是指什么是成功或失败的主要原因（Gernigon & Delloye，2003）。控制点会影响应该由谁来决定问题的判断（Folkes，1988）。服务失败控制点归因是指服务失败是由顾客自我原因（即顾客自我责任归因）还是企业原因（即企业责任归因）造成。可控性是指人们认为其行为结果在多大程度上取决于个人意愿的感知（Weiner et al.，1986）（即人们能否控制该行为的发生），包括可控性归因和不可控性归因。服务失败可控性归因涉及顾客对服务企业防止服务失败的能力的看法（Lee & Cranage，2018）。稳定性是指人们认为某一种原因在多大程度上是暂时性的（预期会随时间变化而变得不那么可预测）（即不稳定归因）或持续性的（预期会随时间推移而持续存在，并且更具可预测性）（即稳定性归因）的感知（Weiner et al.，1986）。当某个原因的可能性被认为是稳定时，顾客预测未来的结果将与先前的结果相似（Gernigon & Delloye，2003；

Swanson & Davis，2003）。也就是说，稳定性表明结果可能再次发生的程度。具有稳定原因的服务失败会比不稳定的服务失败更频繁地重复出现，从而给企业带来更大的问题（Hess et al.，2003）。简而言之，控制点归因关注“谁造成了失败”的问题，稳定性归因关注“失败是否可能再次发生”的问题，而可控性归因则关注“失败是否可以避免”的问题（Lee et al.，2010）。

在服务情景中，归因理论涉及解释造成服务失败的原因（Pacheco et al.，2018）。偏离预期结果会促使接受该结果的参与者为这一意外结果进行归因（Wolosin et al.，1973）。服务失败正是一种偏离正常预期的结果，在遭遇服务失败时，顾客倾向于通过分析其所处的环境来解释导致服务失败的原因（Vaerenbergh et al.，2014）。服务失败控制点是指个人将服务失败的原因归结为自我责任还是服务提供者责任。服务失败可控性归因是指导致服务失败的原因是否可被服务提供者控制。服务失败稳定性归因是指导致服务失败的原因是临时性原因还是持续性原因。也就是说，顾客会根据现场情况判定服务失败问题会不会再次发生。

2.1.3 压力应对理论

压力应对，简称应对，是指个人在超出其资源的情况下管理特定的外部和/或内部需求的认知和行为努力（Lazarus & Folkman，1984）。不同学者对应对策略的维度构成进行了研究。在杜哈切克和奥克利（Duhachek & Oakley，2007）的基础上，本章将不同维度的应对策略研究整理如表 2-1 所示。

表 2-1　应对策略的维度及其定义

模型	来源	维度	定义
二维度模型	拉撒路和福克曼（Lazarus & Folkman，1984）	以问题为中心的应对	管理压力造成的问题
		以情绪为中心的应对	调节人们对压力的情绪

续表

模型	来源	维度	定义
二维度模型	克罗恩（Krohne，1993）；罗斯和科恩（Roth & Cohen，1986）	趋近	面对压力来源的认知和情绪活动
		回避	远离压力来源的认知和情绪活动
	布兰德施塔特和雷纳（Brandstadter & Renner，1990）	同化	根据自己的偏好改变环境
		无助	调整个人偏好来约束环境
	康帕斯等（Compas et al.，1997）	自愿的	有意识地应对压力
		非自愿的	自动应对压力
三维度模型	慕斯和比林斯（Moos & Billings，1982）	以问题为中心	寻求改变或消除压力的来源
		以情绪为中心	管理压力所引起的情绪
		以评估为中心	尝试确定压力情景的意义
	赫克豪森和舒尔茨（Heckhausen & Schulz，1995）	主要控制	努力去影响客观事件
		次要控制	最大限度去努力适应当前情况
		无控制	丧失对当前情况的控制
	杜哈切克和拉科布奇（Duhachek & Lacobucci，2005）	积极应对	积极解决问题
		回避应对	被动、消极地解决问题
		表达应对	情感表达、情感沟通和支持行为
	斯金纳等（Skinner et al.，2003）	自主	在环境中调整行动来努力应对
		受限	调整自己的喜好，在可用选项和约束情景中通过灵活调整行为来努力应对
		其他	在环境中通过协调个人对他人和社会资源的依赖来努力应对
四维度模型	卡佛等（Carver et al.，1989）	以问题为中心	直接改变压力状况
		分散	通过参与其他活动来避免压力源
		逃避	通过身体或精神上的疏离来避免压力源
		支持	寻求帮助或精神安慰
	阿加皮（Agapi，2017）	有计划地解决问题	设计行动计划，采取必要步骤来解决问题
		对抗性应对	试图让对方改变主意，公开地表达出不高兴的感觉
		行为脱离	对这种情况无能为力，并放弃进一步的行动
		回避	通过疏远问题来恢复情绪平衡

续表

模型	来源	维度	定义
五维度模型	艾尔斯等（Ayers et al.，1996）	解决问题	直接针对压力源作出积极应对，包括旨在改变环境的行为和认知努力
		寻求支持	寻求来自外部的情感安慰、工具支持或精神指导
		逃避	通过身体或精神上逃避压力源来逃避应对压力
		分散	通过积极从事其他使人更愉快的活动来应对压力
		认知结构调整	积极地改变自己对压力情况的看法，以更积极的态度看待它
八维度模型	易和鲍姆加特纳（Yi & Baumgartner，2004）	有计划地解决问题	设计行动计划，采取必要步骤来解决问题
		寻求社会支持	向朋友和熟人寻求建议或情感支持
		积极重新解释	从已经发生的事情中看到积极的方面，把这种情况视为从经验中学习的机会
		自我控制	试图通过把自己的感受藏在心里，而不向别人展示他们的真实感受来处理情绪
		对抗性应对	试图让对方改变主意，公开地表达出不高兴的感觉
		精神脱离	试图忘记负面体验
		行为脱离	对这种情况无能为力，并放弃进一步的行动
		接受	承认有些事情已经发生了，而且无法改变
	杜哈切克（Duhachek，2005）	行动应对	思考使事情更好的方法，设计行动计划，并试图解决问题
		理性思考	从现实角度看待服务失败，通过系统检查问题来聚焦产生原因
		积极思考	将压力遭遇视为学习机会的建设性应对反应

续表

模型	来源	维度	定义
八维度模型	杜哈切克（Duhachek，2005）	情绪发泄	试图发泄自己的情绪，以获得服务提供商的注意
		工具支持寻求	尝试向有相似经历的朋友或熟人寻求建议
		情感支持寻求	通过向他人表达情感寻求安慰，管理服务失败遭遇
		回避	通过疏远问题来恢复情绪平衡
		否认	假装服务失败从未发生

在现有的应对策略维度的研究中，以拉撒路和福克曼（Lazarus & Folkman，1984）的二维度模型最为经典。拉撒路和福克曼认为，应对主要有两个功能：管理导致压力环境的问题，从而产生以问题为中心的应对策略；管理与问题有关的情绪，从而产生以情绪为中心的应对策略。其中，以问题为中心的应对策略包括：尝试提出问题解决方案，收集信息，制定行动计划并实施；而以情绪为中心的应对策略则包括：寻求情感的社会支持、疏远、逃避（或回避），注重情景的积极方面以及自我责备。

虽然拉撒路和福克曼的二维度应对模型一直是心理学研究领域中压力管理最具影响力的理论之一，但以问题为中心的应对和以情绪为中心的应对之间的界限并不十分清晰，因为所有的应对过程都指向情绪管理（Duhachek & Oakley，2007）。而且这两个维度并不是对立的，它们有可能同时发生（Nielsen & Knardahl，2014）。例如，社会支持既可能是以问题为中心的应对，又可能是以情绪为中心的应对，这取决于顾客请求支持的内容。

2.1.4　心理韧性理论

心理韧性（mental resilience）是指一种决定人如何有效应对各种情境下的挑战、应激源和压力的人格特质（Clough & Strycharczyk，2012）。学者们对心理韧性维度及测量进行了大量研究。科巴萨（Kobasa，1979）将以往研究中有关坚毅性（hardiness）的构成成分整合归类为控制、承诺和挑战三个维度。克拉夫和斯特里查奇克（Clough & Strycharczyk，2012）将心理韧性的维度划分为控制、承诺、挑战和自信四个维度。其中，控制是指个体感受到自己能影响或改变周围事务的程度；承诺是如何看待目标，反映进行承诺以及遵守这些承诺的程度；挑战是指个体看来超出常规的某种活动或者事件；自信则是指相信自己的程度。

实证研究表明，心理韧性能使人从逆境、冲突和失败中快速恢复过来（Luthans et al.，2008），使人在努力的过程中有办法面对挑战（Gibson，1998）。高心理韧性个体比低心理韧性个体具有多种积极心理品质（例如，自我效能感、自我积极肯定、积极应对、解决问题的能力等）（于肖楠和张建新，2005；Ong et al.，2006），积极寻求社会支持（Campbell-Sills et al.，2006）。

近年来，心理韧性理论逐渐延伸到管理、教育等其他领域或情境（Crust et al.，2010）。但总体而言，国内外管理领域关于心理韧性的实证研究还不多，研究内容涉及组织行为领域员工心理韧性的影响因素（李红霞和杨言言，2018）、员工压力适应（Luthans，2007）、员工组织认同（吴婷和张正堂，2017）等。研究表明，低自我效能、缺乏控制感、习得性无助、消极情绪、焦虑等心理韧性的危险性因素对个体的良好发展形成威胁（苗元江和沈晔，2010）。

SSTs 失败正是顾客面临的一种压力情景。有关 SSTs 使用的研究表明，顾客在 SSTs 使用中控制感知较差，存在技术焦虑（郭芳，2016）。SSTs 失败后由于缺乏与员工的直接互动，使顾客产生 SSTs 无助感（Robertson & Shaw，2009），给顾客造成心理上的沮丧、失望和焦虑情绪（韦斐琼等，2016）。在没有服务人员在场的情况下，顾客需要独立参与 SSTs 补救，其个人的心理韧性在独立参与 SSTs 补救的过程中必然起到重要的作用。因此，本书将心理韧性理论拓展至服务营销管理领域的 SSTs 补救情景中，探讨其对顾客独立参与 SSTs 补救的影响机制。在 SSTs 补救情景中，顾客心理韧性具体表现在面对 SSTs 失败情形时顾客的心理承受能力以及应对倾向。

2.2 服务失败与 SSTs 失败

2.2.1 服务失败的定义及类型

服务企业通常将追求完美服务作为其目标（Ha & Jang，2009），然而由于服务的生产和消费同时发生的特点，使得顾客需要参与服务生产环节（Duffy et al.，2006），由此导致服务失败不可避免（Hart et al.，1990）。服务失败是指企业所提供的服务没能达到顾客期望的情况（Smith et al.，1999）。

学者们对服务失败进行了不同分类。例如，比特纳等（Bitner et al.，1994）将服务失败划分为：传递系统失败、顾客需求反应失败、服务人员自发行为反应失败和问题顾客行为导致失败 4 类。金立印（2005）将人际服务失败划分为服务提供系统失败、服务人员态度/行为失败及服务问题反应迟缓 3 类。然而，最常见的服务失败通常包括结果失败和过程失败（Smith et al.，1999；Chan & Wan，2008）。其中，结果失败是指服务结果没有达到顾客期望，往往给顾客带来经济资源（即金钱、时间）损失。过程失败是指服务传递方式没有满足顾客需求，往往给顾客带来社会资源（即社会自尊）损失。

2.2.2 SSTs 失败的定义及类型

当顾客对 SSTs 的评估低于顾客预期时，就会发生 SSTs 失败（Tan et al.，2016）。SSTs 失败是指在顾客使用 SSTs 时，由于 SSTs 系统所提供的服务没有达到顾客期望而使顾客产生不满的现象（彭艳君，2015）。SSTs 失败通常发生在没有服务人员干预的情况下，这使得监控服务失败以及及时有效进行服务补救变得更困难（Dabholkar & Spaid，2012）。SSTs 的技术含量及缺乏人际互动等特点使 SSTs 失败在所难免（彭艳君，2013）。

国内外学者对电子零售服务（Forbes et al.，2005）、非在线SSTs（Forbes，2008；Liu，2013）、在线SSTs（汪伟和孙伟，2015）等多种SSTs失败类型进行了研究（见表2-2）。

表2-2　　SSTs失败的类型

研究	行业	分类
默特（Meuter，2000）	SSTs	技术失误、过程失误、设计失误及顾客导致的失误
泽丝曼尔（Zeithaml，2002）	网络零售	产品传递不及时、邮件不回复、顾客没有得到预期信息、隐私问题、产品质量不确定
霍洛威和比蒂（Holloway & Beatty，2003）	网络服务	技术失败/设计问题、过程失败/传递失败、支付问题、安全问题、产品质量问题、顾客服务问题
霍洛威（Holloway，2005）	网络零售	普通运送问题、网站设计问题、服务及付款安全问题
曹等（Cho et al.，2006）	网络零售	顾客服务问题、基本的服务条款问题、送货问题、网络安全和隐私、描述与实际不符、网站系统问题
福布斯（Forbes，2008）	非在线SSTs	服务传递系统/产品反应失败、顾客的需求与要求响应失败和员工自发行为失败
常亚平等（2009）	网络服务	产品传递、网站设计、顾客服务、支付、安全等服务失败
彭艳君（2012）	ATM机	核心服务失败、顾客需求反应失败、其他顾客导致的失败
刘（Liu，2013）	非在线SSTs	服务提供系统失败/产品不合格、针对顾客需求的失败、员工自发行为导致的失败
汪伟和孙伟（2015）	网络支付	技术失败、设计失败、过程失败和顾客导致的失败
韦斐琼等（2016）	SSTs	服务产品本身失败、对顾客需求反应失败和顾客自发行为失败
克里萨富利和辛格（Crisafulli & Sigh，2017）	网络零售	隐私、安全性、在线订单准时交付及界面易于导航等问题
谭等（Tan et al.，2016）	电子服务	信息失败、功能失败和系统失败

其中，默特等（Meuter et al.，2000）对SSTs失败的分类得到学者们的普遍认可。他们将SSTs失败分为设计失败、过程失败、技术失败和顾客

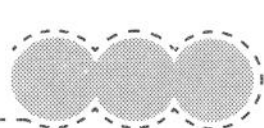

导致失败 4 类。其中，技术失败是指技术不按预期工作，顾客遭遇技术故障（例如，ATM 或付费机器故障）；设计失败是指因系统内置服务的设计缺陷导致使用 SSTs 的顾客都会面临同样的问题；过程失败是指 SSTs 按设计运行，但在顾客与技术的交互过程中（例如，计费、交付或处理交易），服务流程出现故障；顾客导致失败是指因顾客自身行为导致 SSTs 无法正常使用。

2.3 SSTs 失败后的顾客应对

作为理解顾客在各种消费情景中应对压力的方式，应对机制开始受到消费行为领域学者的关注（Duhachek & Kelting，2009）。根据压力应对理论，当顾客面临矛盾、犹豫不决或是压力情形时，会使用应对策略来减轻、释放这些消极情绪（Mick & Fournier，1998）。杜哈切克（Duhachek，2005）在卡佛等（Carver et al.，1989）的研究基础上，构建了一个适合消费行为的八维度应对模型，即积极应对（行动应对、理性思考、积极思考）、表达性支持寻求（情绪发泄、工具支持寻求、情感支持寻求）和回避应对（回避、否认）。

服务失败通常是使顾客遭受损失的压力事件（Smith et al.，1999）。因此，压力应对理论也被应用在服务补救研究中。阿加皮（Agapi，2017）研究指出，拉撒路和福克曼（Lazarus & Folkman，1984）的二维度模型过于简化应对现象，而且这两种应对策略与产品使用紧密相关，而在服务失败情景中，该模型可能无法准确反映顾客在服务失败情况下采取的复杂应对行为。因此，易和鲍姆加特纳（Yi & Baumgartner，2004）将购买情景中消极情绪的应对划分为有计划地解决问题、寻求社会支持、积极重新解释、自我控制、对抗性应对、精神脱离、行为脱离及接受 8 个维度。在易和鲍姆加特纳（Yi & Baumgartner，2004）的基础上，阿加皮（Agapi，2017）研究发现，有计划地解决问题、对抗性应对、行为解脱和回避是顾客应对 SSTs 失败最常用的 4 种应对策略。

国内外学者已经对传统人际服务失败后的顾客应对进行了一些研究。例如，森古普塔（Sengupta，2015）研究表明，服务失败的严重程度会影响顾客应对，而且顾客应对在服务失败严重程度与顾客满意及行为意向的影响关系中起到中介作用。李斐斐和王兴元（2015）研究了顾客应对与服务补救策略的匹配效应对顾客重购意愿和负面口碑的影响。张童（2014）研究表明，银行声誉通过消极情绪和服务失败责任归因对顾客应对产生影响。古德（Goode，2012）研究了云存储服务失败情景中顾客应对顾客参与行为的影响。甘博托（Gabbott，2011）研究了顾客应对在服务失败严重程度对顾客满意及行为意向影响关系中的中介作用。

在遭遇 SSTs 失败后又无法及时求助服务人员提供帮助的情况下，顾客应对行为与传统人际服务失败后的应对必然存在差异。然而，针对 SSTs 失败后顾客应对的研究仍较为缺乏。目前，仅发现古德（Goode，2020）对云服务失败情景下顾客应对进行了研究。其研究表明，顾客应在可控性归因和稳定性归因对顾客满意的影响中起部分中介作用。由此可见，现有相关研究对顾客在遭遇 SSTs 失败后的责任归因及其应对行为的内在影响机制缺乏清晰的理解。

2.4 服务补救与 SSTs 补救

2.4.1 企业主导的服务补救

1. 服务补救的定义

国内外学者对服务补救的定义界定主要包括两个视角：（1）行动视角。在行动视角下，服务补救被视为服务失败后服务提供者所采取的行动。例如，格隆鲁斯（Gronroos，1988）将服务补救定义为：为了解决顾客的抱怨，服务提供者在服务失败发生后所采取的反应和行动。莱维斯克和麦克杜格尔（Levesque & McDougall，2000）将其定义为服务提供者为了

弥补服务失败、防止顾客流失而采取的一系列措施。约翰斯顿和赫瓦（Johnston & Hewa，1997）将其定义为服务提供者在服务提供过程中为缓解和修复对顾客造成的伤害而采取的行动。泽丝曼尔等（Zeithaml et al.，1998）将其定义为服务提供者在可能或已出现失败的情况下，对顾客的不满和抱怨当即所作出的预应性或者补救性反应。（2）过程视角。在过程视角下，服务补救被视为对服务失败的管理过程。例如，塔克斯和布朗（Tax & Brown，1998）指出，服务补救是一个服务提供者发现服务失败、分析原因、评估服务失败，并采取适当方式解决服务失败的管理过程。斯库尔提斯等（Skourtis et al.，2019）认为，服务补救是在服务失败后执行的资源整合过程，目的是尽可能地补救价值。综上所述，从以上两个视角的服务补救定义来看，服务提供者（即企业）都是服务补救行动的主体。

2. 服务补救的类型

本书将国内外学者对传统人际服务补救的类型研究整理如表2-3所示。其中，史密斯等（Smith et al.，1999）的研究获得学术界的广泛认可。由表2-3可以看出，学者们基于具体补救措施对服务补救进行分类，这些补救措施具有明显的人际服务接触属性（例如，道歉、快速回应等）。已有研究指出，传统人际服务接触中的服务补救措施可能并不适用于SSTs情景（Liu，2013；彭艳君，2015）。

表2-3 服务补救的类型

研究	类型
贝莱和泽姆克（Bell & Zemke，1987）	道歉、及时补救、理解、象征性的赔偿、跟进
比特纳（Bitner，1990）	确认、解释、道歉、赔偿
史密斯和博尔顿（Smith & Bolton，1998）	实物补偿、响应速度、道歉、补救主动性
博斯霍夫（Boshoff，2005）	沟通、解释、补偿、授权、有形情景、回复
郑秋莹和范秀成（2007）	补偿、快速回应、道歉
梁承磊等（2011）	道歉、协助解决问题、补偿

2.4.2 顾客参与的服务补救

顾客参与服务补救是顾客在特殊的服务接触中独立或联合企业完成特定角色和任务的过程（楼尊，2010）。罗赫芬等（Roggeveen et al.，2012）认为，共创服务补救是指顾客通过与企业联合协作进行个性化服务补救的能力。

服务的本质和特性决定了服务补救的主体是多元的。默特等（Meuter et al.，1998）根据顾客参与程度的不同，将服务生产划分为企业生产、联合生产和顾客生产3类。在此基础上，董等（Dong et al.，2008）将顾客参与服务补救划分为企业补救、联合补救和顾客补救3类。其中，企业补救是指补救工作完全或主要由企业或其服务人员提供，顾客可能只有实际存在或仅提供基本和必要的信息（Claycomb et al.，2001；Dewitt et al.，2008）；联合补救是指由顾客和服务人员共同参与服务补救过程（Dong et al.，2008）；顾客补救是指完全由顾客独立采取补救行动，而企业或其服务人员没有任何贡献或贡献很小的情况（Harris et al.，2006）。

2.4.3 顾客参与 SSTs 补救

已有研究表明，顾客对于 SSTs 失败和 SSTs 补救的反应与对于人工服务失败/人工服务补救的反应的确存在差异（Anna et al.，2011）。SSTs 补救相对于传统人际服务补救更加多元化（彭艳君，2015），很难生搬硬套补偿、快速回应和道歉等传统服务补救策略，这些都难以有效地解决问题（Zhu et al.，2013）。

1. 顾客参与 SSTs 补救的定义及类型

基于顾客参与服务补救的定义，学者们还对顾客参与 SSTs 补救的概念进行了界定。例如，董等（Dong et al.，2008）将顾客参与 SSTs 补救定义为顾客采取行动来应对 SSTs 失败的程度。彭艳君（2015）则将 SSTs 补救

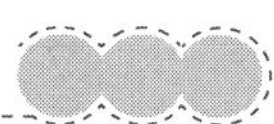

定义为在发生服务失败后，企业、顾客独立或共同采用的一系列能够实现顾客期望、使顾客满意的措施。国内外学者从补救策略和补救主体两个视角对 SSTs 补救的类型进行研究。

（1）按照补救策略的差异对 SSTs 补救进行分类。

学者们主要聚焦于网络零售 SSTs 的补救措施，而对非在线 SSTs 的补救措施研究较少。其中，刘（Liu，2013）以福布斯（Forbes，2008）的研究为基础，采用关键事件技术法，对比了中国顾客与美国顾客在非在线 SSTs 失败与补救方面的异同。其研究发现，与福布斯（Forbes，2008）对美国顾客的研究相比，SSTs 失败的类型几乎类似，但补救的策略有一定的差别。其中，折扣和更正的 SSTs 补救策略在中国非在线 SSTs 中没有出现，其余 7 种补救策略在中美之间相似（见表 2－4）。

表 2－4　　SSTs 补救的分类

研究	行业	SSTs 补救的分类
泽丝曼尔等（Zeithaml et al.，2002）	网络零售	反应力、补偿、接触
霍洛威和贝蒂（Holloway & Beatty，2003）	网络零售	退款、更换货品、给予折扣、更正错误、道歉
奥尔布等（Orbes et al.，2005）	网络零售	给予折扣、解释、更换、道歉、退款、赠送购物积分、优惠券、线下退换货
福布斯等（Forbes et al.，2005）	网络零售	给予折扣、解释、更换、道歉、退款、赠送购物积分、优惠券、线下退换货
福布斯等（Forbes et al.，2008）	非在线 SSTs	给予折扣、更正、管理者干预、道歉、顾客发起补救、不满意的补救、失败升级、无补救、故意重复购买
常亚平等（2012）	电子商务	解释、沟通、制度、反馈和赔偿
刘（Liu，2013）	非在线 SSTs	管理者干预、道歉、顾客发起补救、不满意的补救、失败升级、无补救、故意重复购买

（2）按照补救主体的差异对 SSTs 补救进行分类。

按照补救主体的差异，通常将顾客参与 SSTs 补救划分为 3 种类型：企业补救、顾客补救和联合补救（Bendapudi et al.，2003；Dong et al.，2008；彭艳君，2015）。楼尊和林琳（2010）根据顾客参与程度的不同将顾客参与 SSTs 补救划分为高顾客参与程度的独立补救和低顾客参与程度的联合补救两类。陈可和涂平（2014）将顾客参与服务补救划分为顾客和服务提供商共同参与服务补救、顾客独立参与服务补救两类。汪伟和孙伟（2015）将在线 SSTs 补救划分为顾客补救、顾客无补救行为和联合补救三类。尼利等（Nili et al.，2019）将顾客进行 SSTs 补救策略划分为自我补救（self-recovery）、社群补救（community-recovery）和联合补救（joint-recovery）三类。

相比而言，基于补救主体差异对 SSTs 补救进行分类更能体现 SSTs 补救与传统服务补救的差异性。近年来，虽然学者们对基于补救主体对 SSTs 补救进行分类（即企业补救、联合补救和顾客补救三类）已达成共识，但是学者们对 SSTs 补救的研究重点仍聚焦于联合补救（即顾客—企业共同参与服务补救）（例如，楼尊和林琳，2010；Vaerenbergh et al.，2018），而对顾客独立参与 SSTs 补救的实证研究仍较为缺乏（例如，Zhu et al.，2013；Dong et al.，2008）。

2. 顾客参与 SSTs 补救的前因

学者们对顾客参与 SSTs 补救的前因进行了研究。王（Wang，2007）研究表明，清晰的角色定位、激励与动机及完成任务所需能力正向影响顾客参与 SSTs 的意愿。尼利等（Nili et al.，2014）研究表明，个人因素、SSTs 质量、信息质量、任务特征和情景因素等是顾客解决 SSTs 失败的影响因素。朱等（Zhu et al.，2013）研究表明，顾客的内部归因、对 SSTs 控制感和 SSTs 互动性会影响顾客自我补救的期望，进而影响其自我补救的努力程度和补救策略。劳勒等（Lawlor et al.，2013）指出，SSTs 失败后的顾客行为受到 SSTs 自我补救能力、顾客 SSTs 体验、与服务人员联系的成本和便利性、知识渊博的同行顾客的存在、转换障碍及时间压力等因素的影响。综上所述，影响顾客参与 SSTs 补救的因素主要包括顾客自身因素和服务情景因素两个方面。

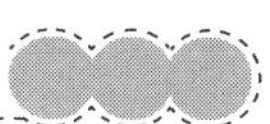

3. 顾客参与 SSTs 补救的结果

作为服务企业的“部分员工”，顾客参与 SSTs 补救能带来诸多正面结果。默特等（Meuter et al.，2005）指出，顾客参与 SSTs 补救可以更熟悉和了解 SSTs 及其服务产品，对自己所扮演的角色和承担的任务更加清楚，对使用 SSTs 更有信心。董等（Dong et al.，2008）研究表明，顾客参与服务补救能积极影响其未来参与价值共创的意愿。楼尊（2010）研究发现，顾客独立完成补救会提高顾客的产品熟悉度和感知乐趣，对未来参与共创意愿有积极影响。达博尔卡和斯佩德（Dabholkar & Spaid，2012）研究表明，对 SSTs 失败补救能降低 SSTs 失败的顾客负面归因，提高其满意度。

2.5 研究述评

综上所述，国内外服务营销管理领域的学者已经对 SSTs 失败类型、SSTs 失败后的顾客应对、顾客参与 SSTs 补救等方面开展了相关研究，这些研究成果为未来继续开拓该领域的学者提供了坚实的理论基础，同时也为正在推行 SSTs 的企业实践提供了重要的理论支持。然而，相比于传统人际服务失败的理论研究和层出不穷的 SSTs 失败的管理实践问题而言，现有 SSTs 失败及补救研究仍存在以下三个方面的不足。

1. 在线 SSTs 失败及补救类型的研究空缺

现有的服务失败和补救的实证研究侧重于研究美国等发达国家的服务失败和补救策略（例如，Forbes，2008），而对发展中国家的服务失败和服务补救很少或根本没有关注（Azemi & Ozuem，2016）。迄今为止，尚未发现有针对中国顾客的在线 SSTs 失败及补救的类型的研究。这与中国互联网及在线 SSTs 的快速发展中的实践需求存在明显差距。因此，针对中国顾客的在线 SSTs 失败及补救类型的研究显得尤为必要。

2. SSTs 失败后顾客应对的心理机制的研究空缺

现有的 SSTs 研究延伸自信息系统（IS）管理领域，国内外信息系统领域和服务营销管理领域的学者更关注对 SSTs 条件下消费决策行为（采纳/抗拒、使用以及持续使用）的研究（例如，Chen，2018；Shim et al.，2020），对 SSTs 采纳后的使用（或持续使用）过程中顾客遭遇的 SSTs 失败及补救的关注却显得较为缺乏。而且现有的 SSTs 相关研究倾向于从“技术”的层面来探讨，忽略了从“人”的层面进行研究，无法深度挖掘顾客的心理机制（韦斐琼等，2016）。而且已有研究证实，顾客的个人心理特质会影响 SSTs 的使用（Lee et al.，2010；曹忠鹏等，2010）。因此，顾客心理特征有可能也影响顾客对 SSTs 失败的应对行为。然而，现有服务失败后顾客应对的研究主要聚焦于传统人际服务，然而针对 SSTs 失败后顾客应对行为的研究仍较为缺乏。也就是说，现有研究对顾客在遭遇 SSTs 失败后的顾客责任归因及其应对行为的心理机制缺乏清晰的理解。本书将以权力接近—抑制理论、归因理论及压力应对理论为基础理论，考察使用意愿（强迫使用 vs. 自愿使用）对 SSTs 失败后顾客责任归因及其应对行为的心理机制。

3. 顾客独立参与 SSTs 补救机制的研究空缺

现有的服务失败和服务补救研究仍集中在传统人际接触的服务情景，针对缺少人际接触的 SSTs 情景的服务失败和服务补救研究则相对较少。学者们对顾客参与在 SSTs 中的重要性已经达成共识。例如，罗伯逊和肖（Robertson & Shaw，2009）指出，未来的 SSTs 研究可以探讨顾客参与服务补救行为及 SSTs 提供者如何响应顾客抱怨。黄静等（2013）也指出，未来研究可以对科技型 SSTs 失败后顾客态度和行为意向的转变等进行拓展研究。

然而，相比于丰富的传统人际服务补救研究而言，服务营销管理领域的学者对顾客在 SSTs 补救中的角色及顾客独立参与 SSTs 补救的机制的研究仍较为缺乏（Dong et al.，2008；Zhu et al.，2013；楼尊和林琳，2010）。现有为数不多的 SSTs 补救研究主要集中在顾客—企业共同参与 SSTs 补救，

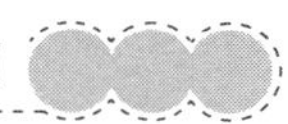

而对顾客独立参与SSTs补救的影响机制仍缺乏深入研究。现有研究无法充分理解SSTs失败对顾客使用行为的影响，无法回答该如何管理SSTs失败（Dabholkar & Spaid，2012）。而且目前尚不清楚顾客是否愿意以及在何种条件下愿意参与服务补救（Dong et al.，2011）。这与管理实践界对SSTs补救解决方案的急切需求形成较大差距，为顾客独立参与SSTs补救的理论研究提供了重要的研究契机。陈等（Chen et al.，2021）研究指出，未来研究可以探索如何在没有员工在场的情况下对SSTs失败进行有效补救。因此，本书将以权力接近—抑制理论和心理韧性理论为基础理论，考察压力情景因素（感知拥挤、时间压力）对顾客独立参与SSTs补救的影响机制，以期丰富现有顾客独立参与SSTs补救的研究。

在线 SSTs 失败及补救类型研究

3.1 研究问题的提出

3.1.1 实践背景及意义

由于不同国家的文化和价值观存在差异，因此不同国家的科技介入型服务接触也必然会有一些差异（白琳，2008；李靖华和王琪，2010）。已有的跨文化研究表明，文化规范和价值观对服务接触评估有很大影响（Winsted，1999）。顾客对服务失败和补救的评估是由他们的文化取向决定的（Wong，2004），顾客在评估服务失败和补救的严重程度方面也存在跨文化差异（Wong，2004；Swanson & Hsu，2009；Park & Kim，2011）。

随着 SSTs 的快速发展，SSTs 的类型日趋多样。默特等（Meuter et al.，2000）根据依赖技术平台的程度将 SSTs 划分为基于技术的 SSTs 和劳动密集型 SSTs。达博尔卡和巴戈齐（Dabholkar & Bagozzi，2002）依据顾客使用 SSTs 科技的场所，将 SSTs 分为"在场"（on-site）SSTs 和"场外"（off-site）SSTs 两类。其中，"在场"SSTs 包括零售自助收银机、机场触摸屏和旅游景区的自助信息亭等 SSTs，"场外"SSTs 包括网络银行和互联网购物等 SSTs。而余宙婷和舒华英（2012）依据服务的传递方式和人际环境两个维度，将 SSTs 分为四类：受个体交互作用影响且一次购买可永久使用

的 SSTs（例如，即时通信）、受社群压力影响且一次购买可永久使用的 SSTs（例如，邮箱服务）、受个体交互作用影响且需多次购买的 SSTs（例如，在线购物）、受社群压力影响且需多次购买的 SSTs（例如，移动电话）。

近年来，我国互联网及其应用得到迅猛发展。《世界互联网发展报告 2019》数据显示，中国互联网发展水平仅次于美国，排名全球第二①。网络购物、网络支付等在线 SSTs 已经成为人们日常生活中重要的购物消费和交易方式。佛罗斯特研究公司（Forrester Research）数据表明，2016 年美国移动支付市场规模增长了 39%，达到 1120 亿美元。相比之下，中国移动支付市场规模几乎是美国的 90 倍②。中国互联网信息中心数据显示，截至 2022 年 12 月，我国网络支付用户数量达 9.11 亿人（占我国网民人数的 85.4%）③。

如上所述，SSTs 失败在所难免。数据表明，每 4 个美国在线购物者就有 1 个以上的人感受到和在线购物相关的问题（例如，让人混淆的信息、支付困难等）（E-marketer，2001）。SSTs 的技术含量及缺乏人际互动等特点使 SSTs 失败与传统人际服务失败之间必然存在差异，而且传统人际服务补救策略可能也并不适用于 SSTs 失败情景。

因此，对于推行 SSTs 的企业而言，深入理解顾客遭遇的 SSTs 失败及 SSTs 补救的类型显得尤为重要。本章将聚焦于 SSTs 失败及补救类型的探索性研究，这将有助于推行在线 SSTs 的企业更深入理解中国顾客在使用在线 SSTs 过程中遭遇的 SSTs 失败及常用的 SSTs 补救方式，为其进行 SSTs 开发、运营及创新管理决策提供一定的理论依据，最终有效提高顾客在线 SSTs 的使用体验。

3.1.2　理论背景及意义

现有 SSTs 失败及补救的实证研究主要是以美国等发达国家顾客为调查

① 陈锐海，曹露浩．2019 年 48 国互联网发展水平排名出炉 中国位列第二［EB/OL］．2019－10－20.

② 李路．中国移动支付领跑全球：规模达美国 90 倍［EB/OL］．2017－09－24.

③ 中国互联网信息中心．第 51 次《中国互联网络发展状况统计报告》［R/OL］．2023－03－02.

对象（例如，Forbes，2008），而对发展中国家的服务失败和服务补救很少或根本没有关注（Azemi & Ozuem，2016）。福布斯（Forbes，2008）针对美国顾客的研究发现，非互联网 SSTs 失败和 SSTs 补救类型不同于传统零售情景下的服务失败类型和服务补救策略。刘（Liu，2013）针对中国顾客的研究表明，中国人和美国人在非互联网 SSTs 失败及 SSTs 补救类型方面的确存在差异。然而，迄今为止，尚未发现有针对中国顾客的在线 SSTs 失败及补救类型的研究。

如上所述，SSTs 涉及类型广泛，相互差异较大，要对整个 SSTs 失败及补救类型进行研究难度较大。因此，本章以在线 SSTs 作为研究对象，采用关键事件技术法，通过调查顾客在使用在线交易性 SSTs 中遇到的服务失败事件和经历，对在线 SSTs 失败和 SSTs 补救的类型进行探索性研究，弥补现有针对中国顾客的在线 SSTs 失败及补救类型的研究不足，丰富服务失败及补救理论。

3.2 研究设计

关键事件法已被应用于 SSTs 失败及补救类型的相关研究（例如，Forbes，2008；Liu，2013）。本章采用关键事件法进行研究，采用深度访谈法收集顾客遭遇的在线交易类 SSTs 失败事件和补救策略的关键事件，通过对收集的数据进行编码来对 SSTs 失败及补救类型进行分析，得出相应结论。

3.2.1 访谈提纲设计

不同类型的 SSTs 失败和服务补救应该存在差异。关于 SSTs 失败及补救类型的现有研究已经在第 2 章进行了回顾。如第 2 章所述，郑秋莹等（2012）根据技术界面的不同将 SSTs 划分为基于信息亭界面的 SSTs、基于电话或其他语音界面的 SSTs 以及基于网络界面的 SSTs。本章选择基于网络界面的 SSTs——在线交易类 SSTs（包括网络支付、网络银行、网络充值

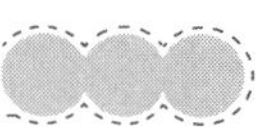

等）作为研究对象。

参考福布斯（Forbes，2008）、刘（Liu，2013）、温孝卿和郭芳（2014）等的研究设计访谈提纲（见附录 1）。首先，要求受访者回答“是否使用过在线交易类 SSTs”；其次，如果使用过，受访者则被要求回想“过去 3 年中，你曾经遇到过的，让你印象最深刻的某一次在线使用 SSTs 时遇到失败的经历”，并根据真实情况详尽地描述当时情景，以及遇到问题后企业和顾客自己的表现与应对措施。

具体而言，访谈提纲的主要问题包括：（1）描述该在线 SSTs 失败事件，包括：类型、服务提供方、服务失败具体经过；（2）描述当时该在线 SSTs 失败出现时受访者的表现（例如，打算怎么解决？做了什么来纠正这个错误?）；（3）为了解决所遇到的在线 SSTs 失败，服务提供方采取的措施；（4）该在线 SSTs 失败事件最终没有得到解决的具体原因；（5）个人基本信息（包括年龄、性别及学历）。

3.2.2　数据收集过程

本章选择随机街头拦截访谈法进行访谈。地点选择在武汉市人流量最大的三个大型商业区（中南商场、光谷广场、楚河汉街）以及两个大型公园（中山公园、解放公园）。为提高受访者响应率，向每名成功完成访谈的受访者提供一份价值 5 元的礼品作为酬劳。为确保抽样随机性，调查地点和时间随机抽取配对，6 名研究助理按照指定的时间段和地点进行街头拦截访谈。研究助理在对受访者进行正式访谈之前，会询问受访者是否使用过在线交易类 SSTs，如使用过，则继续进行访谈。为便于后续整理访谈内容，在征得受访者同意的前提下对访谈内容进行了录音。本次访谈历时 5 天，共完成 328 份访谈。其中，22 个关键事件因所描述事件不属于在线交易类 SSTs（或者事件的细节描述不够清楚），均被视为无效访谈，最终有效访谈 306 份（有效率为 93.3%），由 2 名研究助理对 306 份访谈记录进行文字整理，提取 320 个有效关键事件。

3.2.3 样本特征

本次调查的样本特征信息如表3－1所示。受访者中男性比例略高于女性，年龄以23～27岁为主，受教育水平以大专及本科为主。

表3－1 受访者的基本特征

受访者特征	分类	频数（人）	比例（%）
性别	男性	168	54.90
	女性	138	45.10
年龄	17岁及以下	0	0
	18～22岁	78	25.49
	23～27岁	107	34.97
	28～35岁	71	23.20
	36岁及以上	50	16.34
学历	初中及以下	0	0
	高中及中专	61	19.93
	大专及本科	196	64.05
	硕士生及以上	49	16.02

3.2.4 数据编码

参考默特等（Meuter et al.，2000）、陈可和涂平（2014）及彭艳君（2015）的研究，本章对320个关键事件进行初步归纳分析，确定了进行内容分析时所使用的编码项目。各编码项目、类别界定及关键事件示例如表3－2和表3－3所示。

表3－2 在线SSTs失败编码

编码项目	类别界定	关键事件示例
技术失败	技术设备不能正常运行导致服务不能继续进行	网络连接问题导致的支付失败
		浏览器不兼容导致的支付失败
		支付系统服务器繁忙导致的支付失败

续表

编码项目		类别界定	关键事件示例
过程失败		顾客在与 SSTs 设备交互的过程中出现失败，导致服务无法正常进行	预留手机号变更导致的支付失败
			平台的支付方式限制
			银行卡本身原因导致业务不能使用
设计失败	技术设计失败	SSTs 设备能正常运行，但顾客不太喜欢设备的运行方式而导致的失败	付款成功钱已扣，但显示支付失败
			小额支付默认不需要输入密码
			信息泄露导致账号余额被盗
	服务设计失败	SSTs 其他设计使顾客不满意而导致的服务失败	申诉过程烦琐、不方便
			U 盾、电子密码器等使用过程复杂
			找回密码的过程烦琐
顾客导致失败		由于顾客本身的一些错误引发的 SSTs 中的失败	顾客忘记密码导致的支付失败
			顾客不会使用转账、提现功能
			顾客不会使用电子密码器导致的支付失败

表 3－3　　在线 SSTs 补救编码

编码项目	类别界定	关键事件示例
顾客与企业来共同参与补救	顾客与企业共同参与 SSTs 补救，完成服务	预留手机号变更了，无法支付，到银行去修改
		付款成功但没买到票，之后自动退款，联系客服了解情况
		信息泄露，银行卡被扣了 300 元，联系客服并投诉
		退款程序复杂、速度慢，电话联系客服了解具体情况
顾客独立参与补救	顾客自行解决 SSTs 失败问题	找人代付失败，上网查询解决办法
		支付宝默认修改成 6 位数字密码进行支付，感觉不安全，求助了好友进行解决，修改了设置
		网上转账，遇到周末，没办法到账，最后自己去 ATM 机上完成了转账
		实名认证过程太复杂，试了几次，按照指引完成认证
无补救情况	顾客没有采取任何补救措施，放弃服务	网络连接不上，支付失败，最后放弃，采用现金支付
		在京东买东西不能用支付宝，其他支付方式都不会用，最后放弃购买
		转账速度慢，很久没到账，什么都没做，一直在等
		开通网银，使用要下载各种软件，感觉太麻烦放弃了

在数据处理阶段，安排2名研究助理分别按照受访者描述的关键事件，以表3－2和表3－3对所有关键事件进行编码。参考比特纳等（Bitner et al.，1990）和达尔等（Dahl et al.，2003）的处理方法，计算出2名研究助理编码的一致度（inter-judge agreement）为91%。对于编码不一致的字段，再由第3名研究助理会同前2名研究助理一起讨论确定其所属类别，最后全部达成一致。

3.3 研究结果

3.3.1 SSTs失败的类型

经过编码后的有效SSTs失败关键事件被分成4类：技术失败、过程失败、设计失败（技术设计失败和服务设计失败）以及顾客导致失败。本章研究结果与默特等（Meuter et al.，2000）的研究结果对比如表3－4所示。

表3－4　在线SSTs失败的类型

SSTs失败类型	本研究		默特等（Meuter et al.，2000）
	频数（个）	频率（%）	频率（%）
技术失败	38	11.90	43.00
过程失败	88	27.50	17.00
设计失败	154	48.10	36.00
技术设计失败	100	31.20	17.00
服务设计失败	54	16.90	19.00
顾客导致失败	40	12.50	4.00
总计	320	100.00	100.00

1. 技术失败

技术失败是由于技术设备不能正常运行导致的，通常是因为设备突然出现故障或者崩溃引起的，最终导致服务不能继续进行。在线交易类SSTs

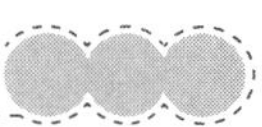

中的技术失败通常表现为：浏览器出现故障，或网络不稳定导致的支付失败。由表 3－4 可知，默特等（Meuter et al.，2000）的研究中技术失败占比最高，达到 43%。然而在本研究中技术失败所占比例仅为 11.9%，是占比最少的一类。由此可见，随着 SSTs 的日趋成熟，设备性能和稳定性逐渐增强，因而在使用过程中出现技术失败的情况越来越少。

2. 过程失败

在过程失败后，SSTs 设备仍能正常运行，但顾客在与设备交互的过程中出现了其他的失败，导致服务无法正常进行。在线交易类 SSTs 中的过程失败通常表现为：银行卡预留电话号码变更导致的支付无法继续，或电商网站支付方式的限制。此类服务失败的比例占到 27.5%，是第二大类在线 SSTs 失败类型。该比例明显高于默特等（Meuter et al.，2000）研究中过程失败的比例（17%）。这证实了中国网民比美国网民遭遇了更频繁的在线 SSTs 过程失败。

3. 设计失败

设计失败是指 SSTs 设备或者网站设计不合理，或者不符合顾客的使用习惯而导致的服务失败。在设计服务失败发生后，SSTs 并没有中断，但顾客对其运行方式与流程存在意见或不满。由表 3－4 可知，其所占比例为 48.1%，是最常见的在线 SSTs 失败类型。设计失败又可划分为技术设计失败与服务设计失败。

（1）技术设计失败。技术设计失败是指 SSTs 设备能够正常运行，但由于顾客不太喜欢设备运行方式而导致的失败。主要表现在某些功能受到限制（例如，周末和节假日网络转账到账速度慢，单日单月转账数额和次数受限）或账户安全问题（例如，网络支付中默认支付方式过于简易，虽不影响支付，但引发顾客担心）。其所占比例为 31.2%，是比例最高的 SSTs 失败类型。

（2）服务设计失败。服务设计失败是指设备可正常运行，服务也能够完成，但 SSTs 的其他设计使顾客不满意而导致的服务失败，如服务的流程、服务人员的态度等。在线支付类 SSTs 中的服务设计失败通常表现为：网银 U 盾或电子密码器等使用过程太复杂、密码找回过程烦琐、认证和申诉过程麻烦以及客服人员态度不好等引发的服务失败，其所占比例为 16.9%。

4. 顾客导致失败

顾客导致失败是指由于顾客本身的一些错误引发的 SSTs 失败，例如，顾客错误的认识或者不当的操作。顾客导致失败通常表现为：由于顾客能力限制或疏忽大意，忘记登录密码或支付密码，导致无法自主完成在线支付服务。默特等（Meuter et al.，2000）的研究中此类失败比例仅有 4%，是所有 SSTs 失败类型中最少的一类。然而在本研究中，该比例达到 12.5%，远高于 4%。

3.3.2 SSTs 补救的类型

对关键事件进行编码后，得到在线 SSTs 补救的类型结果如表 3-5 所示。

表 3-5　在线 SSTs 补救的类型

类型		补救类型						总计（个）
		顾客—企业共同补救		顾客独立补救		无补救行为		
		频数（个）	频率（%）	频数（个）	频率（%）	频数（个）	频率（%）	
失败类型	技术失败	8	21.00	18	47.40	12	31.60	38
	过程失败	34	38.60	32	36.40	22	25.00	88
	技术设计失败	14	14.00	52	52.00	34	34.00	100
	服务设计失败	8	14.80	14	25.90	32	59.30	54
	顾客导致失败	8	20.00	28	70.00	4	10.00	40
	总计	72	22.50	144	45.00	104	32.50	320

1. 顾客—企业共同补救

共同补救的实质是顾客与企业共同参与到 SSTs 补救的过程中，继续完

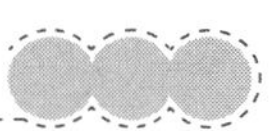

成服务的情形。SSTs 共同补救表现为：由于顾客在与 SSTs（设备或网页等）交互的过程中遭遇失败，导致服务无法继续完成，需要顾客联系企业服务人员，并在其协助下完成服务补救，最终完成服务生产。由表 3－5 可知，共同补救占比达 22.5%，而且在 SSTs 过程失败中的共同补救占比达到 38.6%。

2. 顾客独立补救

顾客在 SSTs 失败后通常会意识到自己即是服务补救主体。顾客独立补救是指顾客在没有寻求企业帮助的情况下自行解决所遇到的 SSTs 失败问题，其关键事件示例如表 3－6 所示。由表 3－5 可知，顾客独立补救占比达 45%，是最主要的 SSTs 补救类型。这类 SSTs 补救可分为两种类型：（1）顾客完全独立参与补救，即顾客没有向任何人寻求帮助，自行解决失败问题。其解决方式有：反复操作/多次尝试、根据网站操作指引来解决、寻找替代的方法和上网查询解决方法。（2）顾客寻求非企业人员帮助参与补救，即顾客在遇到服务失败时，向非企业服务人员（例如，朋友、家人等）寻求解决方法，并由顾客独立完成补救。

表 3－6　顾客独立补救的关键事件示例

补救类型	解决方式	关键事件示例
完全独立参与补救	反复操作/多次尝试	我在地下商场买完东西，支付宝支付的时候网络信号差，我就不断刷新，最后才完成
	根据网站操作指引解决	我忘了登录的密码，尝试了几次也不对，最后根据网站上的操作指引去修改了密码
	寻找替代方法	我在京东上购物，支付时发现需要用京东钱包，不能使用支付宝，最后我用网银支付
	上网查询解决方法	我转账给朋友，银行卡的钱已经扣除了，但是支付宝上显示转账不成功，我就去百度查询此类问题，发现由于网络延迟，导致我等了 10 多分钟，最后提醒我转账成功
寻求非企业人员帮助参与补救	向家人及朋友寻求帮助	第一次使用支付宝，不知道怎么设置手势密码，最后打电话问了儿子，他教我完成了

3. 无补救行为

无补救行为是指顾客在遇到SSTs失败后没有采取任何补救措施，直接放弃服务。由表3-5可知，该类SSTs补救占比达32.5%。根据访谈发现，顾客无补救行为的原因可能是：SSTs失败程度较低，并未真正导致服务无法完成；顾客自我补救意识不够，自认为须由企业解决，自己无法完成补救；寻求企业帮助的反馈渠道不完善（例如，在网页上找不到企业客服的联系方式）；补救程序比较复杂。

3.4 本章小结

本章通过关键事件法对在线SSTs失败及补救类型的研究结果显示：

（1）从常见程度看，在线SSTs失败类型依次是设计失败、过程失败、顾客导致的失败和技术失败，这与默特等（Meuter et al.，2000）针对线下SSTs失败分类的研究存在明显差异。

（2）从常见程度看，在线SSTs补救的类型依次是顾客独立补救、无补救行为和顾客—企业共同补救3种类型。该结论与默特等（Meuter et al.，2000）研究相比，在线SSTs中顾客—企业共同补救的类型并没有传统人际服务中共同补救普遍。本章针对在线SSTs补救类型的研究与现有针对非在线SSTs失败的研究也存在差异。在在线SSTs情景中，顾客则更多地选择独立参与完成SSTs补救。

SSTs 失败后顾客应对机制研究

4.1 研究问题的提出

4.1.1 实践背景

1. SSTs 失败问题的提出

SSTs 正在改变服务的生产与交付方式。为了应对不断增长的人工成本，以及利用技术创新快速发展创造的便利，许多企业正在将各种 SSTs 应用于其服务交付过程。尤其是随着人工智能（AI）和机器人技术的快速发展，新兴智能和 AI 互联技术越来越多地出现在 SSTs 中，一些创新型组织开始使用服务机器人（而不是服务人员）提供服务。例如，Nao 机器人可以协助东京银行的顾客处理从开设银行账户到信用卡丢失等各种问题（Byford，2015），而阿里巴巴集团旗下的“菲住布渴酒店”更是实现了从顾客入住酒店到退房等服务全流程都由服务机器人帮助完成（轻客智能，2019）。

服务传递过程中的服务失败在所难免。服务失败是指企业所提供的服务没能达到顾客期望的情况（Smith et al.，1999）。传统人际服务失败研究表明，服务失败会给企业造成各种负面影响。顾客在服务消费的决策过程中往往需要高度参与，由此投入较多时间、精力与金钱，以至于当其遭受服务失败时，会引发较强烈的不满情绪（黄哲盛和陈芃均，2016），顾客可能会选择退出与当前服务企业的互动（Grégoire et al.，2009），进而传播负面口碑（Wangenheim，2005），甚至转向竞争对手企业的服务渠道（Bechwati & Morrin，2003）。为了减少服务失败的负面影响，大量研究专注于开发有效的服务补救策略（Maxham & Netemeyer，2002）。然而，由于绝大多数顾客在遭遇服务失败后没有抱怨，所以理解顾客对于服务失败的反应就显得非常重要（Sinha & Lu，2016；Lee & Cranage，2018）。

尽管企业已投入大量精力使SSTs更加可靠，但是SSTs的技术含量及缺乏人际互动等特点使SSTs失败在所难免（Robertson et al.，2012；Honig & Oron-Gilad，2018；Washburn et al.，2020）。SSTs设备往往无法检测到顾客在使用过程中遭遇了服务失败（Ahmad，2002），所以SSTs失败经常被企业忽视（Pujari，2004）。SSTs不同于人际服务的特性使顾客在遭遇SSTs失败后往往难以及时找到服务人员进行当场补救，也使企业监控SSTs失败以及作出及时反应、进行有效补救变得困难（Meuter et al.，2000）。SSTs失败往往引发顾客愤怒、无助等消极情绪（Gelbrich，2010），甚至导致顾客抱怨及负面口碑传播（Groth，2005）等负面结果。陈等（Chen et al.，2021）甚至指出，与面临服务人员失败的顾客相比，遇到SSTs失败的顾客会更生气，他们会有更多负面反应。然而，对提供SSTs的企业而言，在顾客遭遇SSTs失败后，他们和顾客之间缺乏直接互动，这使得他们观察和评估顾客情绪状态的机会减少（Freidman & Currall，2003）。最新一项研究也指出，传统的SSTs和AI服务将更加紧密地交织在一起，这使得对顾客如何应对AI服务失败的研究变得更加值得重视（Huang & Philp，2020）。因此，企业迫切需要理解顾客对基于技术的SSTs失败的反应（Meuter et al.，2003；Shapiro & Nieman-Gonder，2006；Anna et al.，2009），以及顾客如何应对SSTs失败（Bolton et al.，2007；Verhoef et al.，2009）。

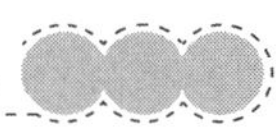

2. SSTs 强迫使用问题的提出

企业在与顾客互动中引入 SSTs 可能并不总是为了改善顾客服务体验，而往往是企业为了削减人工、管理、运营等成本（Curran et al.，2003），例如，节省服务人员的工资（Nijssen et al.，2016）。企业积极鼓励顾客使用 SSTs，有时甚至通过限制提供传统人际服务来强迫顾客使用 SSTs（White et al.，2012；曹忠鹏和胡小丹，2020）。SSTs 强迫使用是指顾客被迫现场使用 SSTs 而没有提供其他服务选项（Reinders et al.，2008）。顾客强迫使用服务的情景，既包括企业强迫顾客使用服务情景（例如，机场利用 SSTs 值机完全代替人工登机服务），也包括使顾客感知无法自由决策的情况（例如，超市里商品缺货、导购员强迫推销行为等）。

SSTs 强迫使用的现象在日常生活中变得越来越普遍（Feng et al.，2019）。在地铁、公交等公共交通服务中，自助售票机通常被用来强行替代人工服务。在网络零售服务中，“AI 机器人客服”直接替代了人工客服人员回答顾客咨询，顾客甚至在遭遇在线服务失败后都无法及时联系到人工客服人员来协助解决问题。近年来，在航空服务业领域，达美航空公司推出了带有人脸面部识别和自助行李投递功能的 SSTs 信息亭，以简化顾客的登机流程（Entis，2017）。英国航空公司在其旗下的几个机场推出了生物识别登机门，以完全取代人工服务柜台（Southan，2018）。一些航空公司甚至开始向使用普通人工值机柜台的乘客收费，以鼓励乘客使用智能手机的应用程序（App）来免费在线办理登机手续（Pawlowski，2011）。从这个意义上来讲，企业使用 SSTs（例如，服务机器人）本身就可能会激怒顾客（Mende et al.，2019）。然后问题就变成了顾客必须选择 SSTs 渠道而不能使用人工服务渠道完成服务交付，这正是学者们近年来提到的“强迫渠道迁移”（例如，Cortiñas et al.，2019）或“强制技术采用”（Reinders et al.，2015）。

在 SSTs 使用过程中，顾客往往控制感知较差，面临 SSTs 时本身就存在技术焦虑（郭芳，2016），也可能引发顾客的无助感（Robertson & Shaw，2009）、烦恼（Kelly et al.，2017）、焦虑（Liu，2012）等消极情绪。而在 SSTs 强迫使用情景中，遭遇 SSTs 失败的顾客将会如何应对？这个问题对于服务营销管理领域的研究者和推行 SSTs 的企业管理者而言都是一个重要的研究问题。

基于以上实践背景，本章聚焦于回答一个重要但被忽视的问题：在不同顾客使用意愿（强迫使用 vs. 自愿使用）的情景下，遭遇 SSTs 失败后的顾客会如何进行责任归因并选择何种应对策略？

4.1.2 理论背景

近年来，顾客参与提高企业价值创造和竞争优势的重要性受到了服务营销管理领域学者的极大关注（Dong & Sivakumar，2015；Galvagno & Dalli，2014；Vargo & Lusch，2004）。现有大量研究关注顾客参与对服务绩效的影响（Mustak et al.，2016），然而现有研究在顾客参与对个人心理反应的影响机制方面却知之甚少（Bendapudi & Leone，2003；Mustak et al.，2013；Mustak et al.，2016；Chen，2018）。

近年来，SSTs 失败研究也受到国内外学者的关注。国外相关实证研究主要包括对服务失败的前因和结果的考察。在前因方面，学者们对服务失败严重程度和企业响应性（De Matos et al.，2009）、顾客自我效能感（Robertson & Shaw，2009）、责任归因（Harris et al.，2006）和抱怨态度（De Matos et al.，2009）对顾客响应的影响进行了研究。在结果方面，已有研究对 SSTs 失败对顾客后续态度和行为的影响关系进行了研究。例如，无助、愤怒等情绪（La & Choi，2019），负面口碑、抱怨意愿（De Matos et al.，2009；Robertson & Shaw，2009）及顾客响应（De Matos et al.，2009；Robertson & Shaw，2009；Robertson et al.，2012）等。与此同时，SSTs 失败研究也引起国内学者的逐渐关注（例如，彭艳君，2015；刘顺忠和陈凡，2015；黄静等，2013；曹忠鹏和胡小丹，2020）。相比较而言，国内相关研究成果显得较为缺乏。除黄静等（2013）、曹忠鹏和胡小丹（2020）的研究以外，国内相关研究多为定性研究，实证研究比较缺乏。

虽然国内外学者对 SSTs 失败的关注度越来越高，但仍有研究指出，基

于技术的服务失败的研究正处于起步阶段（Harris et al.，2006）。学术界对 SSTs 失败的研究还远远不足以指导企业理解 SSTs 失败的负面影响以及如何有效管理 SSTs 失败（Lee & Cranage，2018）。现有相关研究多集中在 SSTs 失败对顾客外在行为（例如，满意度、转换意愿、负面口碑等）的直接影响研究，忽略了顾客个体对 SSTs 失败的心理认知（Chen et al.，2021），尤其是对 SSTs 失败情景下顾客应对问题几乎没有涉及（彭艳君，2018）。

使用意愿对顾客行为的影响研究受到越来越多学者的关注。顾客使用意愿是指顾客准备或者想要使用服务或者产品的一种状态（Meuter et al.，2005）。依据现实情况是否处于强迫使用情景，可以将使用意愿区分为强迫使用和自愿使用（Reinders et al.，2008；王荣祖和吕堂荣，2014）。心理反应理论认为，限制一个人的选择自由会导致他的行为动机发生改变（Clee & Wicklund，1980）。胡伊和托福利（Hui & Toffoli，2002）研究发现，强迫使用使顾客认为自己选择服务形式的自由度降低，导致他们对决策的控制感被削弱，进而增强其风险感知，不愿意冒风险付出行动。而且强迫使用还会促进顾客技术焦虑和威胁感知（王荣祖和吕堂荣，2014；Liu，2012）。

近年来，SSTs 强迫使用逐渐引起学者们的关注。SSTs 强迫使用是指顾客被迫现场使用 SSTs 而没有提供其他服务选项（Reinders et al.，2008），而 SSTs 自愿使用是指顾客出于自愿心理使用 SSTs 的情形。冯等（Feng et al.，2019）研究表明，在 SSTs 强迫使用情境下，顾客很可能将强迫使用视为对自由的威胁，从而导致顾客产生消极情绪，降低顾客采用意愿，增加其转换意愿。曹忠鹏和胡小丹（2020）研究了顾客强迫使用 SSTs 对顾客无力感和态度的影响。虽然已有学者已经关注到强迫使用对 SSTs 使用行为的影响研究（例如，Feng et al.，2019；曹忠鹏和胡小丹，2020），然而 SSTs 使用意愿（尤其是强迫使用）对 SSTs 失败后顾客责任归因及其应对行为影响的实证研究尚未引起学者们的关注，也就无法揭示在不同 SSTs 使用意愿下遭遇 SSTs 失败后的顾客应对行为规律。

基于以上理论背景，本章将聚焦于 SSTs 使用意愿如何影响 SSTs 失败后顾客归因及顾客应对行为的问题，重点考察 SSTs 使用意愿对 SSTs 失败后顾客归因及其应对行为的影响机制。

4.1.3 研究意义

1. 理论意义

基于权力接近—抑制理论、归因理论及压力应对理论，本章将顾客强迫使用研究从传统人际服务拓展至SSTs领域，将揭示使用意愿（强迫使用 vs. 自愿使用）对SSTs失败后顾客应对产生影响的“黑箱”（即SSTs失败责任归因的中介作用），深化对SSTs失败归因的理解，也是对服务营销管理领域顾客应对理论的前向推进。本章还为进一步探讨使用意愿对SSTs失败后顾客应对的影响研究提供一定参考。

2. 实践意义

本章将有助于正在推行SSTs的企业理解顾客在不同使用意愿（尤其是强迫使用）情景下遭遇SSTs失败后的顾客责任归因及其采取的应对行为规律，指导企业采取有效措施引导顾客产生积极应对策略，最大程度减少SSTs失败可能给顾客和企业带来的负面影响，并为企业推行SSTs的管理决策提供一定的理论支持。

4.1.4 研究内容

本章以权力接近—抑制理论、归因理论和压力应对理论为基础理论，基于“刺激—有机体—反应”（S-O-R）逻辑框架，构建SSTs使用意愿对SSTs失败归因及顾客应对的影响并考察SSTs失败严重程度调节作用的研究模型。采用情景模拟实验法收集相关数据，运用统计软件进行分析，对研究模型及研究假设进行检验。

本章具体的研究内容：（1）探究使用意愿（强迫使用 vs. 自愿使用）对SSTs失败后顾客应对行为的影响；（2）探究顾客服务失败归因在使用

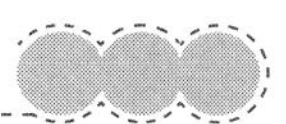

意愿（强迫使用 vs. 自愿使用）对顾客遭遇 SSTs 失败后的应对行为之间的中介效应；（3）探究 SSTs 失败严重程度（高 vs. 低）在使用意愿对 SSTs 归因及顾客应对的影响关系中的调节作用。

4.2 研究模型与研究假设

S-O-R 理论，即刺激（stimulus）—有机体（organism）—反应（response）模型，最早由梅拉比安和拉塞尔（Mehrabian & Russell，1974）提出。刺激是一组影响个体（有机体）感知的属性（线索）（Mazursky & Jacoby，1986），个体将刺激转化为有意义的信息，即对不同刺激的感知可能会导致个人情绪和认知状态的变化，进而影响个人的反应（态度或行为）（Gao & Bai，2014；Namkung et al.，2010）。S-O-R 理论已被广泛应用于服务营销管理领域的研究（例如，Chang & Chen，2008；Namkung，2010；张洪等，2017；Crisafulli & Singh，2017）。这表明采用 S-O-R 理论建立顾客感知—顾客情绪—行为意向的影响机制模型是可行的。

本章主要研究 SSTs 使用意愿对 SSTs 失败后顾客应对行为的影响机制，基于“刺激—有机体—反应”（S-O-R）的逻辑框架，构建 SSTs 使用意愿（S）对 SSTs 失败归因（O）及顾客应对（R）的影响并考察 SSTs 失败严重程度（S）调节作用的研究模型（见图 4－1）。

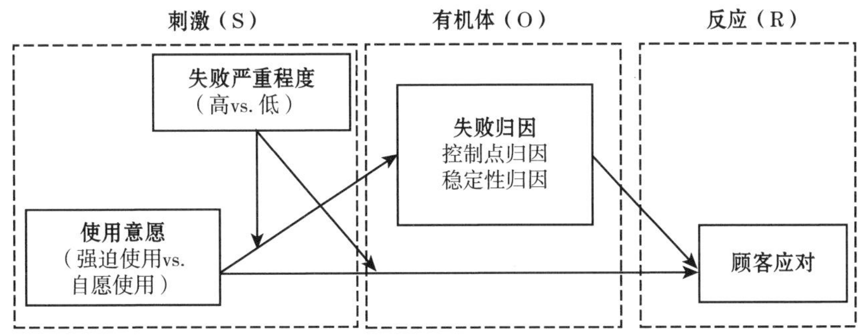

图 4－1　研究模型

4.2.1 使用意愿对顾客应对的影响

顾客使用意愿是指顾客准备或者想要使用服务或者产品的一种状态（Meuter et al.，2005）。依据现实情况是否处于强迫使用情景，本章将顾客SSTs使用意愿区分为强迫使用和自愿使用（Reinders et al.，2008；王荣祖和吕堂荣，2014）。其中，SSTs强迫使用是指顾客被迫现场使用SSTs而没有提供其他服务选项（Reinders et al.，2008），而SSTs自愿使用是指顾客出于自愿心理使用SSTs的情形。

服务失败通常是使顾客遭受损失的压力事件（Smith et al.，1999）。顾客在服务失败后经常会感受到消极情绪，并在情绪化的条件下作出决策（Yi & Baumgartner，2004）。根据压力应对理论，顾客在压力情景中进行决策的过程也是其降低压力的应对过程。因此，顾客会使用不同策略来应对在服务失败后所面临的压力。基于阿加皮（Agapi，2017）、易和鲍姆加特纳（Yi & Baumgartner，2004）的研究，并结合SSTs失败情景下顾客应对策略选择的可行性，本章将SSTs失败后的顾客应对划分为有计划解决问题、接受、对抗性应对、行为解脱四个维度。其中，有计划解决问题是指顾客设计行动计划，采取必要步骤解决SSTs失败问题；接受是指顾客承认SSTs失败已经发生了，而且无法改变；对抗性应对是指顾客公开地向服务企业表达不满情绪，试图让企业改变主意；行为解脱是指顾客对遭遇的SSTs失败问题感觉无能为力，并放弃进一步的补救行动。本章还将解决问题和接受归属于积极应对，将对抗性应对和行为解脱归属于消极应对。其中，积极应对是指顾客采用较为积极、正面的方式来减轻由于服务失败而导致的消极情绪；而消极应对是指顾客采用较为消极、躲避或抱怨的方式来减轻由SSTs失败而导致的消极情绪。

SSTs使用意愿对SSTs失败后顾客应对的影响可以用权力接近—抑制理论进行解释。该理论常被用以解释权力对个体行为的影响（Kinard et al.，2009；曹忠鹏和胡小丹，2020；曹忠鹏等，2020）。在SSTs强迫使用情况下，提供给顾客的选择有限或根本没有选择，他们可能感觉到自己被强迫

使用 SSTs（Reinders et al.，2008）。强迫顾客使用 SSTs 会减少顾客对服务渠道选择权的感知控制（曹忠鹏和胡小丹，2020）。根据权力接近—抑制理论，在 SSTs 强迫使用情况下，顾客的权力感会减少，其行为抑制系统会被激活，他们往往感知自己拥有的资源（例如，经验和知识）较少，表现出消极情绪，更关注 SSTs 失败情景中与惩罚、威胁等相关的消极信息，更多表现出回避消极后果、避免损失的主观倾向和受限制的消极行为（Smith & Bargh，2008）。

已有研究也表明，强迫使用会导致顾客威胁感知增加，控制感降低，并且产生消极情绪。例如，赖因德斯等（Reinders et al.，2008）研究表明，SSTs 强迫使用会使顾客感到沮丧，他们可能会对 SSTs 系统和企业持消极态度。胡伊和托福利（Hui & Toffoli，2002）研究发现，强迫使用使顾客认为自己选择服务形式的自由度降低，导致他们对决策控制的感知被削弱，进而会增强其风险感知，不愿意冒着风险付出行动。冯等（Feng et al.，2019）研究也表明，在 SSTs 强迫使用情境下，顾客很可能将强迫使用视为对自由的威胁，从而导致顾客产生消极情绪和感知。因此，本章推断，强迫使用 SSTs 的顾客在遭遇 SSTs 失败后更倾向于采用消极应对策略。

相反，根据权力接近—抑制理论，在自愿使用 SSTs 的情况下，顾客的权力感会增加，其行为接近系统会被激活，他们往往感知自己拥有较多的资源，并且行动自由，更多表现出积极情绪，更倾向于关注 SSTs 失败情景中与补救后的成功、收获等相关的积极信息，更多表现出追求成功、愿意承担风险和摆脱束缚的积极行为（Keltner et al.，2003）。因此，本章推断，自愿使用 SSTs 的顾客在遭遇 SSTs 失败后更倾向于采用积极应对策略。

基于以上分析，本章推断，SSTs 使用意愿正向影响 SSTs 失败后的顾客应对。因此，本章提出研究假设：

H_{4-1}：使用意愿正向影响顾客应对。即相比于强迫使用，自愿使用下的顾客应对更积极。

4.2.2 SSTs 失败归因的中介效应

虽然归因理论把归因划分为控制点、稳定性和可控性 3 个维度（Weiner et al.，1979；1986），但是现有顾客参与对服务失败归因影响关系的研究（例如，Bendapudi & Leone，2003；Yen et al.，2004）多聚焦于控制点归因维度（Chen，2018），忽略了顾客对 SSTs 失败的稳定性归因和可控性归因的研究。因此，有学者指出，在一项研究中同时考察 3 个归因维度（即控制点、稳定性和可控性）的研究还比较缺乏（Dabholkar & Spaid，2012），未来研究可以将归因理论的其他维度纳入检验服务失败归因的心理过程，以获得更加全面的认知和洞察（Iglesias et al.，2015；Chen，2018；De Keyser et al.，2019；Larivière et al.，2017；Wirtz et al.，2018）。而且考虑到控制点（即事件成败是由个人内部还是外在环境导致）和可控性（即事件成败是否能由个人意愿所决定）之间的高度相关性，所以有服务营销管理领域的学者将这两个维度合并为一个维度，即控制点归因（例如，Tsiros et al.，2004；Belanche et al.，2020）。

鉴于未来将更多由人类和技术共同协作来进行服务交付，而且 SSTs 具有明显的技术性特征，所以遭遇 SSTs 失败的顾客比较容易从稳定性、可控性等维度进行 SSTs 失败归因。因此，本章将 SSTs 失败顾客归因划分为控制点归因和稳定性归因两个维度。其中，控制点归因是指谁应该承担 SSTs 失败的主要责任，包括企业责任归因（外部归因）和顾客自我责任归因（内部归因）；而稳定性归因是指对人们对导致 SSTs 失败的原因在多大程度上是暂时性的或持续性的感知。

1. 控制点归因的中介效应

（1）使用意愿对控制点归因的影响。

在 SSTs 强迫使用情况下，顾客被剥夺了使用人工服务渠道的选择权。根据归因理论，限制顾客服务渠道选择权的始作俑者正是服务企业。实际上，企业完全能够控制提供的服务渠道（人员服务渠道和/或 SSTs 渠道），

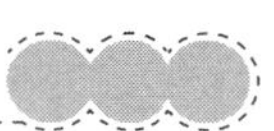

所以正是企业促使顾客被迫使用 SSTs，并且遭遇 SSTs 失败，企业应该为顾客的消极情绪承担责任（曹忠鹏和胡小丹，2020）。根据权力接近—抑制理论，强迫使用减少了顾客权力感，其行为倾向于规避消极后果和风险。而根据归因理论，在遭遇服务失败后，顾客更容易进行外部归因（即企业责任归因）。因此，本章推断，强迫使用 SSTs 的顾客更倾向于 SSTs 失败企业责任归因。

在自愿使用 SSTs 的情景下，顾客可以选择 SSTs，也可以选择人工服务渠道。根据权力接近—抑制理论，顾客权力控制感会增加，其感知拥有较多资源而且行动自由，更多表现出积极情绪和风险承担能力。根据归因理论，默特等（Meuter et al.，2000）研究指出，当顾客是他们自己的服务提供商时，他们更有可能因为失败而责备自己（即自我责任归因）。因此，本章推断，自愿使用 SSTs 的顾客更倾向于 SSTs 失败自我责任归因。

综上所述，本章推断，使用意愿会正向影响控制点归因。也就是说，强迫使用会导致 SSTs 失败的企业责任归因，而自愿使用会导致 SSTs 失败顾客自我责任归因。

（2）控制点归因对顾客应对的影响及其中介效应。

大量研究表明，经历由企业引起的负面事件的顾客往往会表现出愤怒和失望的情绪，他们甚至有报复那些导致负面结果的人的愿望（Folkes，1984；Hui & Toffoli，2002；Vaerenbergh et al.，2014；Mccoll-Kennedy & Sparks，2003）。顾客对企业可控的服务失败反应更加消极（Klein & Dawar，2004；Sinha & Lu，2016），将服务失败归咎于企业责任的失望顾客往往会采取对抗性应对策略，而且更有可能避免使用该服务，并转向其他服务渠道（Yi & Baumgartner，2004）。因此，本章推断，将 SSTs 失败责任归因于企业的顾客更倾向于采取消极的应对策略。

归因理论认为，当人们对负面事件负责时，他们往往会感到尴尬、内疚（Weiner，1985）。因此，当顾客对失败负责时，他们更愿意积极参与服务补救过程，而不是责备企业（Zhu et al.，2013；Heidenreich et al.，2015；Gelbrich，2010），以减轻内疚感（Heidenreich et al.，2015）。哈里斯等（Harris et al.，2006）研究表明，在线顾客需要更多地参与服务，所以他们更有可能将服务失败归因于自己。金和洪（Jin & Hong，2010）研究指出，当顾客认为服务失败原因是由自己的原因造成时，将会采取积极的行动应对策略，试图参与服务失败问题的解决。因此，本章推断，SSTs失败自我责任归因的顾客在遭遇SSTs失败后更倾向于采取积极应对策略。

根据权力接近—抑制理论，SSTs强迫使用会导致顾客权力感减少，从而感知拥有资源较少，往往产生更多的烦恼、焦虑、愤怒、无助等消极情绪（Johnson et al.，2008；Kelly et al.，2017；Liu，2012；曹忠鹏和胡小丹，2020），更为关注SSTs失败带来的威胁和惩罚，其行为倾向更容易受限于情景。而根据归因理论，处于消极情绪的顾客更容易进行外部责任归因，并且更倾向于对服务失败进行消极应对。因此，本章推断，企业责任归因在强迫使用和消极应对的影响中起到中介效应。

相反，根据权力接近—抑制理论，自愿使用SSTs会导致顾客权力感增加，从而感知拥有更多资源，往往引发积极情绪，更关注SSTs补救后的奖励和收益，其行为更多表现为摆脱束缚的积极行为。而根据归因理论，处于积极情绪的顾客更容易进行内部责任归因，并且倾向于对服务失败进行积极应对。因此，本章推断，自我责任归因在自愿使用和积极应对的影响中起中介效应。

综上所述，本章推断，控制点归因在使用意愿与顾客应对之间起到中介效应。因此，本章提出研究假设：

H_{4-2a}：控制点归因在使用意愿与顾客应对之间起到中介效应。也就是说，强迫使用会导致服务失败企业责任归因，进而负向影响顾客应对；相反，自愿使用会导致服务失败自我责任归因，进而正向影响顾客应对。

2. 稳定性归因的中介效应

（1）使用意愿对稳定性归因的影响。

稳定性归因是指对人们认为某一种原因在多大程度上是暂时性的或持续性的感知（Weiner，1985）。而SSTs失败稳定性归因是指对人们对导致SSTs失败的原因在多大程度上是暂时性的或持续性的感知。

根据权力接近—抑制理论，权力感的高低能够影响个体对信息的处理

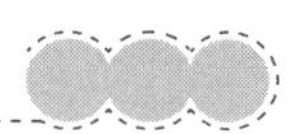

（Keltner et al.，2003）。SSTs强迫使用会限制顾客对服务渠道的选择，也就是说必须放弃人工服务而选择SSTs，由此导致顾客感知权力减少，更关注于与服务失败威胁和惩罚相关的消极信息（Mourali & Nagpal，2013），更关注规避事物的消极结果（曹忠鹏等，2020），其行为更倾向于规避风险和损失，可能会认为服务失败在未来还会继续发生，导致服务失败稳定性归因。因此，本章推断，强迫使用正向影响服务失败稳定性归因。也就是说，强迫使用的顾客更容易进行SSTs失败稳定性归因。

与此相反，根据权力接近—抑制理论，SSTs自愿使用会增加顾客的权力感，更关注于和完成SSTs补救后的奖励、收获、成就感等有关的积极信息，更关注接近事物的积极结果（曹忠鹏等，2020），其行为更倾向于追求风险承担及摆脱束缚。因此，他们可能会认为所遭遇的SSTs失败是不稳定原因造成的，而且是可以通过自己的努力进行解决的。因此，本章推断，自愿使用负向影响服务失败稳定性归因。

综上所述，本章推断，使用意愿负向影响服务失败稳定性归因。也就是说，强迫使用会导致SSTs失败稳定性归因，而自愿使用会导致SSTs失败不稳定性归因。

（2）稳定性归因对顾客应对的影响及其中介效应。

研究表明，当顾客将服务失败归因于不可控的及稳定性原因时，将会采取回避的应对策略，以此来平衡其失败后的消极情绪（Strizhakova et al.，2012），未来将不再光顾该企业（Yi & Baumgartner，2004）。因此，本章推断，稳定性归因负向影响顾客应对。也就是说，相比于SSTs失败不稳定性归因，稳定性归因更容易导致顾客采取消极的应对行为。

已有关于权力对顾客决策的影响研究表明，低权力顾客更关注消极信息和威胁，较多考虑被选对象的消极特性，并据此作出拒绝决定；高权力顾客则更关注积极信息，其决策较多考虑被选对象的积极特性，并据此作出选择决定（Mourali & Nagpal，2013）。而且根据权力接近—抑制理论，低权力感顾客的行为更倾向于规避风险和损失，其在遭遇SSTs失败后可能更倾向于消极应对；而高权力感顾客的行为更倾向于追求风险承担及摆脱束缚，其在遭遇SSTs失败后可能更倾向于积极应对。

上述分析表明，使用意愿负向影响服务失败稳定性归因。强迫使用顾客的权力感会减少，更倾向于 SSTs 失败稳定性归因，预期 SSTs 失败未来还会发生，由此导致顾客对 SSTs 未来的服务表现不确定性增加（Folkes，1984），而对其对未来服务绩效的期望降低（Oliver，2014），出于回避未来损失的目的，遭遇 SSTs 失败后顾客可能会采取消极应对行为。相反，自愿使用的顾客的权力感会增加，更倾向于 SSTs 失败不稳定归因，顾客对 SSTs 未来的服务表现不确定性减少，对其未来服务绩效的期望增加，出于摆脱束缚的目的，遭遇 SSTs 失败后顾客可能会采取积极应对行为。

综上所述，本章推断，稳定性归因在使用意愿与顾客应对之间起到中介效应。因此，本章提出研究假设：

H_{4-2b}：稳定性归因在使用意愿与顾客应对之间起到中介效应。也就是说，强迫使用会导致服务失败稳定性归因，进而负向影响顾客应对；相反，自愿使用会导致服务失败不稳定性归因，进而正向影响顾客应对。

4.2.3 SSTs 失败严重程度的调节效应

服务失败严重程度是指顾客对其遭受的服务失败问题的严重程度的感知（Weun et al.，2004）。也就是说，顾客对服务失败严重程度的评价依赖于其主观感知，其感知服务失败越严重，则其感知损失也就越大（Lin，2011；Riaz & Khan，2016）。

1. 失败严重程度在使用意愿对顾客应对影响的调节作用

对于遭遇不同失败严重程度的顾客而言，其感知损失程度存在差异。波尼菲尔德和科尔（Bonifield & Cole，2007）认为，遭遇严重服务失败后，顾客通过尝试改变他们和外部环境之间的关系来降低其感知风险，他们可能思考服务失败的原因和后果，积极采取措施解决服务失败问题；也可能产生愤怒情绪，加剧顾客抱怨倾向及报复行为。不同使用意愿下顾客对遭遇 SSTs 失败的感知损失及其应对行为也可能会存在差异。

在高失败严重程度下，因为强迫使用意味着企业会限制顾客对人工服

务渠道的选择，而仅限于选择 SSTs 渠道。根据权力接近—抑制理论，强迫使用的顾客对于服务渠道选择的权力感会减少，他们会更多关注惩罚、威胁、失败等消极信息，更多会表现出规避风险和损失的消极行为（曹忠鹏和胡小丹，2020）。在高失败严重程度下，顾客的感知损失更大，预期服务补救难度大。已有研究表明，当人们认为改变压力源的可能性很小时，通常倾向于使用以情绪为中心的消极应对策略（Folkman & Lazarus，1980；Folkman et al.，1986）。因此，本章推断，在高失败严重程度下，强迫使用 SSTs 的顾客更有可能采取规避风险的消极应对。相反，自愿使用意味着企业为顾客提供人工服务渠道和 SSTs 渠道供其选择。根据权力接近—抑制理论，自愿使用的顾客对于服务渠道选择的权力感会增加，他们会更多关注环境中成功、收获等相关积极信息，更多会表现出摆脱环境束缚的积极行为（曹忠鹏和胡小丹，2020）。因此，本章推断，在高失败严重程度下，自愿使用的顾客的感知损失较小，更有可能采取摆脱束缚的积极应对。

在低失败严重程度下，无论是强迫使用还是自愿使用的顾客在遭 SSTs 失败后，其感知损失都较小。SSTs 的特点决定了顾客需要高度参与服务交付过程，承担“部分员工”甚至是“全部员工”的角色。如上所述，遭遇低失败严重程度的顾客可能会认为该 SSTs 失败完全在自己可控范围以内，预期服务补救难度不大。当顾客认为服务失败原是顾客自己可控时，将会采取积极的应对策略，试图参与服务失败问题的解决（Jin & Hong，2010）。而且，当人们认为压力来源可以改变时，通常倾向于使用以问题为中心的积极应对策略（Folkman & Lazarus，1980；Folkman et al.，1986）。所以，本章推断，在低失败严重程度下，无论是强迫使用还是自愿使用，顾客在遭 SSTs 失败后都可能会采取积极应对。也就是说，在低失败严重程度下，强迫使用与自愿使用对顾客应对的影响无显著性差异。

综上所述，本章推断，失败严重程度调节使用意愿对顾客应对的影响关系。因此，本章提出研究假设：

H_{4-3}：失败严重程度调节使用意愿对顾客应对的影响关系。具体而言，在高失败严重程度下，使用意愿对顾客应对的影响更显著（即在高失败严重程度下，相比于自愿使用，强迫使用对顾客应对的影响更凸显）；

而在低失败严重程度下，强迫使用与自愿使用对顾客应对的影响无显著性差异（即都倾向于积极应对）。

2. 失败严重程度在使用意愿对控制点归因影响的调节作用

对于遭遇不同失败严重程度的顾客而言，其感知损失程度存在差异。

在高失败严重程度下，顾客感知损失更大。根据权力接近—抑制理论，强迫使用减少了顾客的权力感，其行为倾向于规避消极后果和风险。根据归因理论，在此情况下，感知损失更大的顾客更有可能将 SSTs 失败责任归因于企业。已有元分析研究结果表明，失败严重程度和控制点归因之间存在显著正向关系，当顾客经历严重的服务失败时，他们更可能进行外部归因（Robbennolt，2000）。曹忠鹏和胡小丹（2020）研究也指出，限制顾客服务渠道选择权的始作俑者正是服务企业，所以企业应该为顾客遭遇 SSTs 失败后的消极情绪和损失负责。相反，根据权力接近—抑制理论，SSTs 自愿使用增加了顾客的权力感，其感知拥有较多资源而且行动自由，更多表现出积极情绪和风险承担能力。因此，本章推断，在高失败严重程度下，使用意愿对控制点归因的影响更强。具体而言，在高失败严重程度下，相比于自愿使用，强迫使用更容易导致企业责任归因。

在低失败严重程度下，无论是强迫使用还是自愿使用的顾客在遭 SSTs 失败后，其感知损失较小。SSTs 的特点决定了顾客需要高度参与服务交付过程，承担“部分员工”甚至是“全部员工”的角色（Hsieh et al.，2004）。如上所述，遭遇低失败严重程度的顾客可能会认为该 SSTs 失败完全在自己可控范围以内（Jin & Hong，2010），预期服务补救难度不大。默特等（Meuter et al.，2000）研究指出，当顾客是他们自己的服务提供商时，他们更有可能因为失败而责备自己（即自我责任归因）。因此，本章推断，在低失败严重程度下，无论是强迫使用还是自愿使用，顾客可能都愿意自己为 SSTs 失败承担责任（即自我责任归因）。也就是说，在低失败严重程度下，强迫使用与自愿使用对控制点归因无显著性差异。

综上所述，本章推断，失败严重程度调节了使用意愿对控制点归因的影响关系。因此，本章提出研究假设：

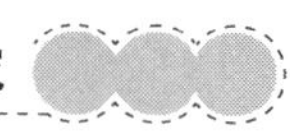

H_{4-4}：失败严重程度调节使用意愿对控制点归因的影响关系。具体而言，在高失败严重程度下，使用意愿对控制点归因的影响更显著（即相比于自愿使用，强迫使用更容易导致企业责任归因）；而在低失败严重程度下，强迫使用与自愿使用对控制点归因无显著性差异（即都倾向于自我责任归因）。

3. 失败严重程度在使用意愿对稳定性归因影响的调节作用

根据权力接近—抑制理论，强迫使用会导致顾客感知权力减少，更关注于与服务失败威胁和惩罚相关的消极信息（Mourali & Nagpal，2013），更关注规避事物的消极结果（曹忠鹏等，2020），其行为更倾向于规避风险和损失。而在遭遇严重失败后，顾客感知损失更大，顾客更容易认为 SSTs 服务失败在未来还会继续发生，从而进一步加强其对服务失败稳定性归因的认知，以便规避未来更大的风险和损失。相反，根据权力接近—抑制理论，自愿使用会导致顾客感知权力增加，更关注于和完成服务补救后的奖励、收获、成就感等有关的积极信息，更关注事务的积极结果。即便高严重程度服务失败给顾客带来较大的损失，拥有较大权力的顾客还是会认为所遭遇的服务失败是不稳定原因造成的（即 SSTs 失败是偶然发生的），可以通过自己的努力来解决该问题（即表现出摆脱环境束缚的积极行为）。因此，本章推断，在高失败严重程度下，使用意愿对稳定性归因的影响更显著。也就是说，在高失败严重程度下，相比于自愿使用，强迫使用更容易导致 SSTs 失败稳定性归因。

在低失败严重程度下，无论是强迫使用还是自愿使用的顾客在遭 SSTs 失败后，其感知损失都较小。SSTs 的特点决定了顾客需要高度参与服务交付过程，承担“部分员工”甚至是“全部员工”的角色。黄和拉斯特（Huang & Rust，2018）研究指出，在遭遇低严重程度机器人服务失败后，顾客可能会在最初适应期内原谅企业的 SSTs 失败，并期望将来企业能够提供没有失败的 SSTs。如上所述，遭遇低失败严重程度的顾客可能会认为该 SSTs 失败完全在自己可控范围以内（Jin & Hong，2010），预期服务补救难度不大。因此，本章推断，在低失败严重程度下，顾客感知损失较小，所以无论是强迫使用还是自愿使用，顾客可能都会进行不稳定归因（即认为导致服务失败的原因是偶然性的）。也就是说，在低失败严重程度下，强迫使用与自愿使用对稳定性归因无显著性差异。

综上所述，本章推断，失败严重程度调节了使用意愿对稳定性归因的影响关系。因此，本章提出研究假设：

H_{4-5}：失败严重程度调节使用意愿对稳定性归因的影响关系。在高失败严重程度下，使用意愿对稳定性归因的影响更显著（即相比于自愿使用，强迫使用更容易导致稳定性归因）；而在低失败严重程度下，强迫使用与自愿使用对稳定性归因无显著性差异（即都倾向于不稳定归因）。

4.3 实验1：使用意愿对顾客应对的影响

实验1的主要目的是检查使用意愿对SSTs失败后顾客应对的影响，即检验研究假设 H_{4-1}。

4.3.1 实验设计

1. 实验材料设计

实验1采用单因子（使用意愿：强迫使用 vs. 自愿使用）组间实验设计。因此，实验1的关键是设计一个能够操控使用意愿的场景，在该场景中，一部分顾客将面临SSTs强迫使用场景，另一部分顾客将面临SSTs自愿使用场景。

为了开发合适的实验情景材料，本章采用焦点小组访谈方法对大学生SSTs使用情况进行深度访谈。邀请了武汉某综合性高校的20位大学本科生参与此次访谈，其中男生9人，女生11人；大二学生7人，大三学生8人，大四学生5人。访谈的内容包括请他们回忆其印象最深刻的一次SSTs失败经历，并询问导致其印象深刻的原因及其后续的补救行为。访谈结果

表明，参与此次访谈的本科生提及较多的SSTs消费场景是银行ATM机取款、火车站（地铁站）自助机购票、超市自助收银机购物、医院SSTs机挂号缴费、电影院自助机售取票、餐厅触摸屏点餐等。受访者多有提及在很多SSTs“现场”没有服务人员，无法选择人工服务渠道，在遭遇SSTs失败后也无法及时求助服务人员，导致“尴尬”和“无助”。而且受访者也提及在公共SSTs使用情景中环境嘈杂，需要排队等待等。这些访谈结果为本章选择实验情景提供了参考，受访者提及的SSTs失败后的补救行为将为后续章节的实验情景设计提供一手资料。

结合访谈结果，实验1确定选择大学生非常熟悉的“地铁站自助购票”作为实验情景。参考赖因德斯等（Reinders et al.，2008）、曹忠鹏和胡小丹（2020）的实验设计，并经过由服务营销管理领域1名教授（博士）和1名副教授（博士）组成的专家小组讨论后，最终确定本实验情景的材料（见附录2-1）。

实验1将被迫使用SSTs并遭遇服务失败的实验场景描述为“请你想象一下，这个周末你准备坐地铁外出逛街，当你到达地铁站准备买票时，你发现人工窗口没开，而且窗口贴的通知显示“即日起，地铁公司决定暂停人口售票窗口售票，请各位乘客使用自助售票机购票，由此给您带来的不便敬请谅解”。因此，你不得不使用地铁站的自助购票机购票。在你选择好搭乘的线路及终点后，自助购票机界面提示你扫码完成支付。但是当你扫码完成支付后，自助售票机界面却卡住不动了，无法显示缴费成功，也无法取出你购买的车票”。

实验1将自愿使用SSTs并遭遇服务失败的实验场景描述为“请你想象一下，这个周末你准备坐地铁外出逛街，当你到达地铁站准备买票时，你发现不仅可以用人工窗口购票，而且旁边还有自助购票机，可以按照机器上面的操作流程购票。你选择使用自助购票机购票，在你选择好搭乘的线路及终点后，自助购票机界面提示你扫码完成支付。但是当你扫码完成支付后，自助售票机界面却卡住不动了，无法显示缴费成功，也无法取出你购买的车票”。

2. 实验程序

实验1通过问卷调查的形式来收集数据。首先，参与者被随机分配到强迫使用组或者自愿使用组的其中一组。其次，要求实验参与者将自己设想为材料中的主人公，阅读实验情景材料。再次，要求参与者根据自己阅读的情景材料，填写完成关于对使用意愿的操控检验的2个题项及顾客应对测量的19个题项。最后，还要求参与者回答性别、年级等人口统计信息。

3. 实验参与者

实验1是通过武汉某综合性高校管理学院团委微信公众号及营销管理系微信公众号平台招募参与者在线报名，这些同学均为自愿参加本次实验。

实验1于2019年11月24日进行，本次实验共招募到102名参与者。实验结束后，剔除掉回答不完整和不合格的问卷后，实际参与者为95名，其中，男生48名（50.5%），女生47名（49.5%）；大一8人（8.4%），大二15人（15.8%），大三16人（16.8%），大四23人（24.2%），研究生以上33人（34.7%）；强迫使用组为46人，自愿使用组为49人。舒华和张亚旭（2008）指出，心理学实验中每组有20～30名参与者即可获得显著效果。本章所有实验都有超过45个参与者，符合要求。为鼓励参与者认真参与问卷填写，在实验开始前，每位参与者都获得一份价值4元的礼品作为报酬。

4.3.2 变量测量

本实验使用的所有题项均采用5级李克特量表，“1”代表“完全不同意”，“5”代表“完全同意”。

1. 使用意愿量表

本章对使用意愿的操控检验的测量量表是根据王荣祖和吕堂荣

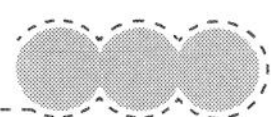

（2014）的测量量表改编而成，共 2 个测量题项（见表 4－1）。

表 4－1　使用意愿量表

变量	题项
使用意愿	该地铁站强迫我使用自助售票机购票
	该地铁站强迫我不要使用传统的人工窗口购票

2. 顾客应对量表

本章对顾客应对的测量量表是根据易和鲍姆加特纳（Yi & Baumgartner，2004）及阿加皮（Agapi，2017）的测量量表改编而成，共 19 个测量题项（见表 4－2）。

表 4－2　顾客应对量表

变量	题项
有计划解决问题	我会思考我要怎么最好地处理这个问题
	我会试图想出一个关于下一步怎么做的计划
	我会思考要采取什么步骤解决问题
	我知道该对自助售票机做什么并且我做到了
	我会联系地铁站工作人员帮我解决问题
接受	我意识到我把问题归咎到了自己身上
	我接受这个问题发生并且不能改变
	对使用自助售票机购票失败这件事，我将学习如何接受
	我认为没有人可以责怪我
	我意识到我必须接受这种情况
对抗性应对	我会让地铁站工作人员知道这件事让我有多烦躁
	我表达自己的看法并对此进行阐述
	我联系地铁站工作人员抱怨这个情况
	我会向地铁站工作人员发送有关问题的投诉电子邮件，并请他或她改正
	我会毫无保留地向地铁站工作人员表达我的不满情绪
行为解脱	我放弃尝试用地铁站自助售票机购票
	我承认我无法用地铁站自助售票机购票
	我放弃使用地铁站自助售票机购票
	我不得不承认，使用地铁站自助售票机购票毫无意义

4.3.3 信度、效度检验

为检验本章量表的内部一致性信度，进行可靠性分析。分析结果显示，SSTs 使用意愿的 Cronbach's α 系数为 0.864；顾客应对的 Cronbach's α 系数为 0.767。Cronbach's α 系数均大于 0.700 的标准，说明本章所用量表均有良好的信度。

采用 SPSS 22.0 进行探索性因子分析，提取出两个初始特征值大于 1 的公因子，分别是使用意愿与顾客应对，测项的因子载荷均在 0.50 以上。运用 AMOS 24.0 进行验证性因子分析，拟合度如表 4－3 所示，所有指标均达到理想结果，说明本章所用量表均有良好的效度。

表 4－3 验证性因子分析结果

Index	χ^2/df	RMSEA	RMR	CFI	NFI	PNFI
Results	2.950	0.069	0.038	0.935	0.905	0.825

4.3.4 操纵检验

为考察本实验自变量（使用意愿）操纵是否成功，进行操纵检验。由均值分析结果（见表 4－4 和图 4－2）可知，强迫使用组的使用意愿均值为 3.696，而自愿使用组的使用意愿均值为 3.102，显著低于强迫使用组。

表 4－4 操纵检验各组均值

使用意愿分组	个案数（例）	均值	标准差	均值的 95% 置信区间	
				下限	上限
强迫使用	46	3.696	0.963	3.410	3.982
自愿使用	49	3.102	0.946	2.830	3.374
总计	95	3.390	0.995	3.187	3.592

单因素方差分析结果（见表 4－5）显示，不同组别的使用意愿具有显著性差异（$F = 9.177$，$p < 0.05$），说明实验 1 对使用意愿的操纵有效。

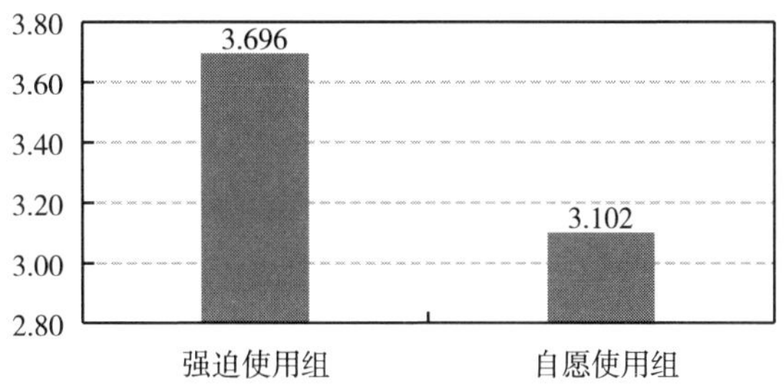

图 4－2　强迫使用组与自愿使用组的使用意愿的均值

表 4－5　操纵检验分析结果

分组	平方和	自由度	均方	F	显著性
组间	8. 361	1	8. 361	9. 177	0. 003
组内	84. 729	93	0. 911	—	—
总计	93. 089	94	—	—	—

4. 3. 5　假设检验

为了验证假设"H_{4-1}：使用意愿正向影响顾客应对。"即相比于 SSTs 强迫使用，SSTs 自愿使用下的顾客应对更为积极，进行单因素方差分析。对顾客消极应对进行反向计分处理，计算其均值获得因变量，因变量分数越高，表示顾客应对越积极。单因素方差分析结果（见表 4－6）显示，F 值为 7. 908，对应的显著性小于 0. 05，因此，SSTs 强迫使用与 SSTs 自愿使用下的顾客应对有显著性差异。

表 4－6　假设验证结果

分组	平方和	自由度	均方	F	显著性
组间	2. 092	1	2. 092	7. 908	0. 006
组内	24. 604	93	0. 265	—	—
总计	26. 696	94	—	—	—

均值分析结果（见表 4－7 和图 4－3）显示，强迫使用组的顾客应对的均值为 2. 834，而自愿使用组的顾客应对的均值为 3. 131，显著高于强迫

使用组，因此研究假设 H_{4-1} 得到支持。

表 4－7　　　强迫使用组与自愿使用组的顾客应对均值比较

使用意愿分组	个案数（例）	均值	标准差	均值的 95% 置信区间	
				下限	上限
强迫使用	46	2.834	0.668	2.636	3.032
自愿使用	49	3.131	0.308	3.043	3.220
总计	95	2.987	0.533	2.879	3.096

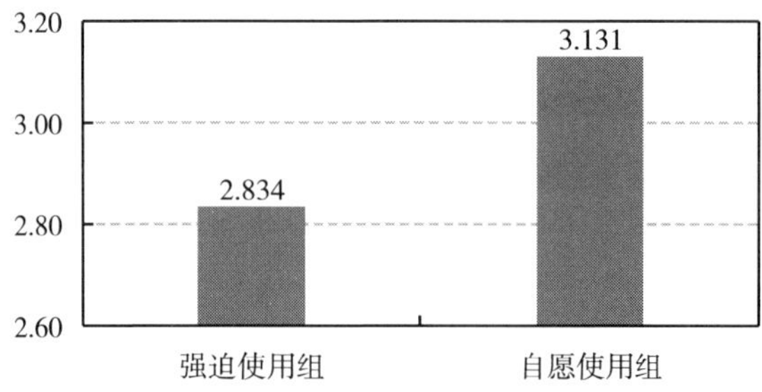

图 4－3　强迫使用组与自愿使用组的顾客应对的均值

最后，为了检验性别、年级是否会对本实验结论产生影响，将它们作为控制变量纳入方差分析中，分析结果（见表 4－8）表明，性别、年级对顾客应对均无显著影响（$p > 0.05$）。在纳入了控制变量之后，本实验的研究结论保持不变，即相比于 SSTs 强迫使用，SSTs 自愿使用下的顾客应对更为积极。

表 4－8　　　加入控制变量后使用意愿对顾客应对的影响分析结果

源	Ⅲ类平方和	自由度	均方	F	显著性
修正模型	2.215	3	0.738	2.745	0.048
截距	54.253	1	54.253	201.663	0.000
性别	0.085	1	0.085	0.317	0.575
年级	0.034	1	0.034	0.126	0.723
分组	2.006	1	2.006	7.456	0.008
误差	24.481	91	0.269	—	—
总计	874.449	95	—	—	—
修正后总计	26.696	94	—	—	—

4.3.6　研究结论

实验 1 的主要目的是检验 SSTs 使用意愿对顾客应对的影响。研究结果显示：SSTs 使用意愿正向影响顾客应对。也就是说，相比于强迫使用，自愿使用下的顾客应对更积极。尽管研究假设得到验证，但是本实验情景选择的是地铁站自助购票机购票，地铁属于公共交通服务，乘客与地铁站的关系是否如顾客与商业企业之间的服务关系还有待再次验证。

4.4　实验 2：SSTs 失败归因的中介效应

本实验的主要目的是考察 SSTs 失败责任归因在使用意愿对顾客应对的影响关系中的中介效应，同时再次检验使用意愿对顾客应对的影响，即检验研究假设 H_{4-1}、H_{4-2a}和 H_{4-2b}。

4.4.1　实验设计

1. 实验材料设计

与实验 1 类似，实验 2 采用单一因子（使用意愿：强迫使用 vs. 自愿使用）组间实验设计。

与实验 1 采用“地铁站自助购票机”作为实验情景材料不同，实验 2 选择“超市自助收银机”作为实验情景。相比于较为成熟的“地铁站自助购票机”而言，“超市自助收银机”属于较新的 SSTs 场景。在前期的深度访谈中，受访者也多有提及该 SSTs 形式。经过服务营销管理领域 1 名教授（博士）和 1 名副教授（博士）组成的专家小组讨论后，确定本实验情景的材料（见附录 2 - 2）。

本章将被迫使用 SSTs 并遭遇服务失败的实验场景描述为“请你想象一下，这个周末你到学校附近的一家超市购物。当你选购好商品准备到收银台结账时，你看到人工收银台没有收银员，并且在收银台上摆放着“暂停营业，敬请谅解”的提示牌。你不得不使用超市的自助收银机进行结账。你按照操作提示，逐一扫描完商品后，收银机界面提示你扫码完成支付。正当你准备扫码支付时，你突然发现还没有购买购物袋，扫描完的商品无法打包带走，你在收银机界面上没有找到购买购物袋的按钮或提示”。

本章将自愿使用 SSTs 并遭遇服务失败的实验场景描述为“请你想象一下，这个周末你到学校附近的一家超市购物。当你选购好商品准备到收银台结账时，你看到超市里既有人工收银台缴费，也可以使用超市的自助收银机缴费。你选择了自助收银机进行结账，同样地，你按照操作提示，逐一扫描完商品后，收银机界面提示你扫码完成支付。正当你准备扫码支付时，你突然发现还没有购买购物袋，扫描完的商品无法打包带走，你在收银机界面上没有找到购买购物袋的按钮或提示”。

2. 实验程序

实验 2 通过问卷调查的形式来收集数据。首先，参与者被随机分配到强迫使用组或者自愿使用组的其中一组。其次，要求实验参与者将自己设想为材料中的主人公，阅读实验情景材料。再次，要求参与者根据自己阅读的情景材料，填写完成关于对使用意愿的操控检验的 2 个题项、SSTs 失败归因测量的 7 个题项、顾客应对测量的 19 个题项以及控制变量服务失败经历测量的 4 个题项。最后，还要求参与者回答性别、年级等人口统计信息。

3. 实验参与者

实验 2 是通过武汉某综合性高校管理学院团委微信公众号及营销管理系微信公众号平台招募参与者在线报名，这些同学均为自愿参加本次实验。要求参与者没有参与过之前的所有“自助服务”相关实验（通过参与

者的姓名和学号与之前的实验参与者名单进行比较、筛查）。

实验 2 于 2019 年 12 月 15 日进行，本次实验总共招募到 105 名参与者。参与者被随机分配到强迫使用组或者自愿使用组的其中一组。实验结束后，剔除掉回答不完整和不合格的问卷后，实际参与者为 98 名，其中，男生 56 名（57.1%），女生 42 名（42.9%）；大一 7 人（7.1%），大二 19 人（19.4%），大三 16 人（16.3%），大四 26 人（26.5%），研究生以上 30 人（30.6%）。舒华和张亚旭（2008）指出，心理学实验中每组有 20～30 名参与者即可获得显著效果。实验 2 中强迫使用组的参与者为 48 人，自愿使用组的参与者为 50 人，符合要求。为鼓励参与者认真填写问卷，在实验开始前，每位参与者都获得一份价值 4 元的礼品作为报酬。

4.4.2　变量测量

本实验使用的所有题项均采用 5 级李克特量表，“1” 代表 “完全不同意”，“5” 代表 “完全同意”。

1. 使用意愿量表

使用意愿量表与实验 1 一致（见表 4－1），根据实验材料进行文字调整。

2. 顾客应对量表

顾客应对量表与实验 1 一致（见表 4－2），根据实验材料进行文字调整。

3. SSTs 失败归因量表

SSTs 失败归因测量量表是根据赫斯（Hess，2008）及李和克拉尼奇（Lee & Cranage，2018）等测量量表改编而成，共 7 个测量题项（见表 4－9）。

表 4-9 SSTs 失败归因量表

变量	题项
控制点	我觉得是超市自助收银机导致了这个问题
	我认为是超市的服务器导致了这个问题
	我认为是超市的服务流程/制度导致了这个问题
	我觉得是我自己的原因导致了这个问题
稳定性	我觉得以上情景中的这个问题产生的原因很可能是
	我觉得以上情景中的这个问题产生的原因很可能是
	我觉得以上情景中的这个问题产生的原因很可能会

4. 服务失败经历量表

已有研究表明，顾客在遭遇在线服务失败后的消极情绪与之前是否有过服务失败经历有关，并且对顾客参与服务补救行为也有重要影响（Chang et al.，2015）。因此，本章将顾客服务失败经历作为控制变量。本章对顾客服务失败经历的测量量表是根据易和鲍姆加特纳（Yi & Baumgartner，2004）的测量量表改编而成，共 4 个测量题项（见表 4-10）。

表 4-10 服务失败经历量表

变量	题项
服务失败经历	我之前遇到过这样的问题
	这类问题很常见
	我过去曾经多次遇到这样的服务失败
	我过去从未遇到像这样的服务失败

4.4.3 信度、效度检验

为了检验本研究量表的内部一致性信度，进行可靠性分析。结果显示，SSTs 使用意愿的 Cronbach's α 系数为 0.820；顾客应对的 Cronbach's α 系数为 0.862；使用经验的 Cronbach's α 系数为 0.833；控制点的 Cronbach's α 系数为 0.856；稳定性的 Cronbach's α 系数为 0.811。均大于 0.70 的标准，说明量表均有良好信度。

采用 SPSS 22.0 进行探索性因子分析，提取出 5 个初始特征值大于 1 的公因子，分别是使用意愿、顾客应对、使用经验、控制点以及稳定性，测项的因子载荷均在 0.50 以上。运用 AMOS 24.0 进行验证性因子分析，拟合度如表 4－11 所示，所有指标均达到理想结果，说明本章所用量表均有良好的效度。

表 4－11　验证性因子分析结果

Index	χ^2/df	RMSEA	RMR	CFI	NFI	PNFI
Results	2.670	0.046	0.031	0.966	0.934	0.768

4.4.4　操纵检验

为了考察使用意愿的实验刺激材料是否有效，进行操纵检验。以使用意愿测量为因变量，进行因素方差分析，分析结果（见表 4－12 和图 4－4）显示，强迫使用组参与者感受到的强迫程度均值为 3.771，而自愿使用组的参与者感受到的强迫程度均值为 3.160，两者具有一定的差距，且前者高于后者。

表 4－12　强迫使用组与自愿使用组的使用意愿的描述统计

使用意愿分组	均值	标准差	个案数（例）
强迫使用	3.771	0.905	48
自愿使用	3.160	1.002	50
总计	3.459	0.999	98

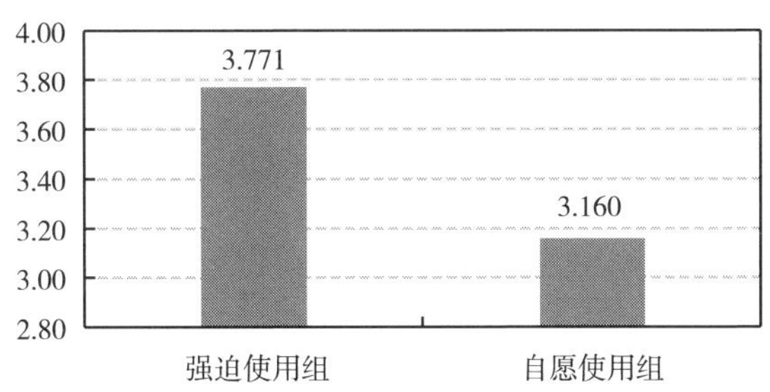

图 4－4　强迫使用组与自愿使用组的使用意愿的均值

显著性检验结果（见表4－13）显示，F值为10.002，对应的显著性小于0.05，因此，强迫使用组与自愿使用组的使用意愿差异达到显著性水平，即实验2对使用意愿的操纵有效。

表4－13　　使用意愿的方差分析结果

源	Ⅲ类平方和	自由度	均方	F	显著性
修正模型	9.138	1	9.138	10.002	0.002
截距	1176.403	1	1176.403	1287.751	0.000
分组	9.138	1	9.138	10.002	0.002
误差	87.699	96	0.914	—	—
总计	1269.500	98	—	—	—
修正后总计	96.837	97	—	—	—

4.4.5　假设检验

1. 假设 H_{4-1} 检验

为了验证研究假设“H_{4-1}：使用意愿正向影响顾客应对，即相比于SSTs强迫使用，SSTs自愿使用下的顾客应对更为积极”，本章以顾客应对为因变量，进行单因素方差分析。顾客应对的消极应对题目已进行反向计分，故顾客应对分越高，则表示顾客应对越积极。描述统计结果（见表4－14和图4－5）显示，强迫使用组的顾客应对均值为2.828，而自愿使用组的顾客应对均值为3.168，高于强迫使用组的顾客应对均值。

表4－14　　强迫使用组与自愿使用组的顾客应对描述统计

使用意愿分组	均值	标准差	个案数（例）
强迫使用	2.828	0.596	48
自愿使用	3.168	0.401	50
总计	3.002	0.532	98

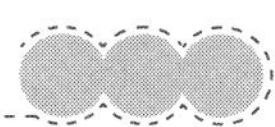

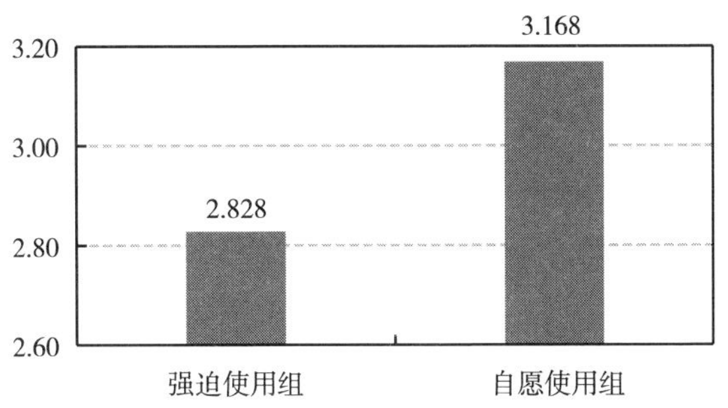

图 4－5　强迫使用组与自愿使用组的顾客应对的均值

显著性检验分析结果（见表 4－15）显示，F 值为 11.099，顾客对应的显著性小于 0.05，因此，强迫使用组与自愿使用组的顾客应对的差异达到显著性水平，即相比于 SSTs 强迫使用，自愿使用下的顾客应对更为积极，研究假设 H_{4-1} 得到支持，该结果重复了实验 1 的研究结论，表明了本章结论的稳健性。

表 4－15　　强迫使用组与自愿使用组的顾客应对方差分析结果

源	Ⅲ类平方和	自由度	均方	F	显著性
修正模型	2.841	1	2.841	11.099	0.001
截距	880.537	1	880.537	3440.552	0.000
分组	2.841	1	2.841	11.099	0.001
误差	24.569	96	0.256	—	—
总计	910.357	98	—	—	—
修正后总计	27.410	97	—	—	—

本章将性别、年级和服务失败经历作为控制变量，方差分析的结果如表 4－16 所示。在加入控制变量之后，使用意愿（强迫使用 vs. 自愿使用）对顾客应对的影响依然显著（$F = 10.791$，$p < 0.05$），说明性别、年级和服务失败经验不影响本实验的结论。

表 4－16　　加入控制变量后使用意愿对顾客应对影响分析结果

源	Ⅲ类平方和	自由度	均方	F	显著性
修正模型	4.392	4	1.098	4.437	0.003
截距	65.451	1	65.451	264.449	0.000

续表

源	Ⅲ类平方和	自由度	均方	F	显著性
性别	0.875	1	0.875	3.536	0.063
年级	0.029	1	0.029	0.118	0.732
服务失败经历	0.446	1	0.446	1.804	0.183
分组	2.671	1	2.671	10.791	0.001
误差	23.017	93	0.247	—	—
总计	910.357	98	—	—	—
修正后总计	27.410	97	—	—	—

2. 假设 H_{4-2} 检验

为了检验研究假设“H_{4-2a}：控制点归因在使用意愿与顾客应对之间起中介作用”和“H_{4-2b}：稳定性归因在使用意愿与顾客应对之间起中介作用”，本实验将控制点归因和稳定性归因作为中介变量进行分析，其中，对控制点中的自我归因进行反向计分处理，即分数越高，表示顾客越认为服务失败的原因缘于企业（即企业责任归因）；稳定性归因分数越高，则顾客认为该服务失败发生更为频繁。

下面分别以两个中介变量（控制点归因和稳定性归因）为因变量，进行因素方差分析。描述统计结果（见表 4－17 和图 4－6）显示，强迫使用组的控制点归因均值为 3.135，而自愿使用组的控制点归因均值为 2.415，低于强迫使用组的控制点归因均值，说明相比于自愿使用组，强迫使用组的参与者更加认为失败的原因在于企业（即企业责任归因）。

表 4－17　强迫使用组与自愿使用组的控制点归因描述统计

使用意愿分组	均值	标准差	个案数（例）
强迫使用	3.135	1.009	48
自愿使用	2.415	0.828	50
总计	2.768	0.985	98

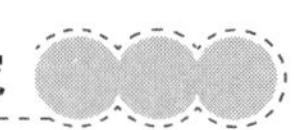

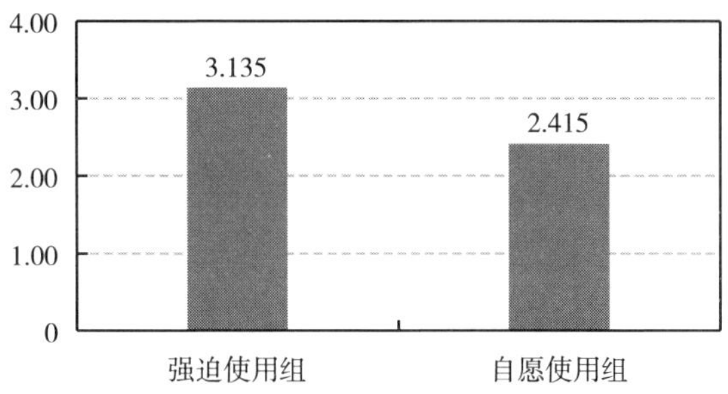

图 4－6　强迫使用组与自愿使用组的控制点归因的均值

以控制点归因为因变量的因素方差分析结果显示（见表 4－18），F 值为 14.981，对应的显著性小于 0.05，因此，强迫使用组的参与者更倾向于认为服务失败的原因在于企业（即企业责任归因）。

表 4－18　强迫使用组与自愿使用组的控制点归因因素方差分析结果

源	Ⅲ类平方和	自由度	均方	F	显著性
修正模型	12.710	1	12.710	14.981	0.000
截距	754.460	1	754.460	889.278	0.000
分组	12.710	1	12.710	14.981	0.000
误差	81.446	96	0.848	—	—
总计	844.938	98	—	—	—
修正后总计	94.156	97	—	—	—

接下来分析稳定性归因在两组之间的均值差异。描述统计结果（见表 4－19 和图 4－7）显示，强迫使用组的稳定性归因均值为 3.125，而自愿使用组的稳定性归因均值为 2.340，低于强迫使用组的稳定性归因均值，说明相比于自愿使用组，强迫使用组的参与者更认为服务失败经常发生（即稳定性归因）。

表 4－19　强迫使用组与自愿使用组的稳定性归因得分

使用意愿分组	均值	标准差	个案数（例）
强迫使用	3.125	1.042	48
自愿使用	2.340	0.912	50
总计	2.725	1.050	98

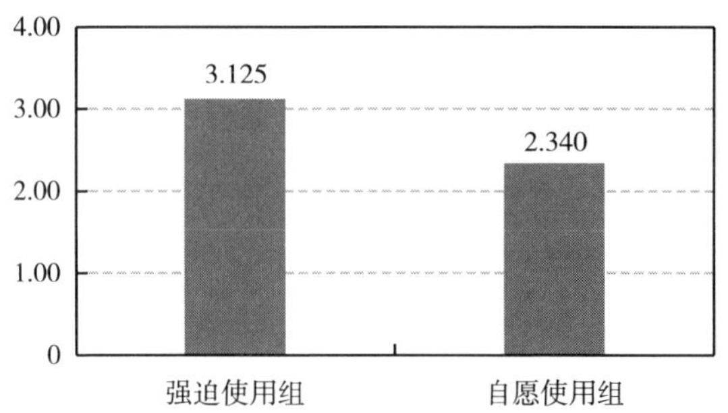

图 4 –7　强迫使用组与自愿使用组的稳定性归因的均值

以稳定性归因为因变量的因素方差分析结果（见表 4 –20）显示，F 值为 15.781，对应的显著性小于 0.05，因此，强迫使用组的参与者更倾向于认为服务失败发生频率较高（即服务失败稳定性归因）。

表 4 –20　　强迫使用组与自愿使用组的稳定性归因因素方差分析结果

源	Ⅲ类平方和	自由度	均方	F	显著性
修正模型	15.091	1	15.091	15.781	0.000
截距	731.418	1	731.418	764.854	0.000
分组	15.091	1	15.091	15.781	0.000
误差	91.803	96	0.956	—	—
总计	834.333	98	—	—	—
修正后总计	106.895	97	—	—	—

为了检验研究假设 H_{4-2a} 和 H_{4-2b}，即控制点归因与稳定性归因在 SSTs 使用意愿对顾客应对的影响中产生的中介效应，参考普里彻和海斯（Preacher & Hayes，2004）的 Bootstrapping 方法，采用 PROCESS 程序进行分析。设定重复抽取 Bootstrapping 样本量为 5000 个，选择取样方法为偏差校正的非参数百分位法（bias corrected）。数据分析结果（见表 4 –21）显示，对于控制点归因而言，在 95% 的置信区间下，区间范围不包含 0，故控制点归因在 SSTs 使用意愿对顾客应对的影响中产生显著的中介效应（间接路径效应 =0.316，SE =0.096，LLCI = 0.117，ULCI = 0.498，不包含 0）。对于稳定性归因而言，在 95% 的置信区间下，区间范围不包含 0，故稳定性归因在 SSTs 使用意愿对顾客应对的影响中产生显著的中介效应（间接路径效应 =

−0.649，SE = 0.057，LLCI = −0.145，ULCI = −0.083，不包含 0）。

表 4−21　　中介效应分析结果

变量	Effect	SE	LLCI	ULCI
TOTAL	0.251	0.080	0.102	0.419
控制点归因	0.316	0.096	0.117	0.498
稳定性归因	−0.649	0.057	−0.145	−0.083

如表 4−22 所示，在加入了中介变量之后，自变量对因变量的作用变得不显著（$p > 0.05$），因此，控制点归因和稳定性归因在 SSTs 使用意愿对顾客应对的影响中发挥完全中介的作用，研究假设 H_{4-2a} 和 H_{4-2b} 得到支持。

表 4−22　　加入中介变量后使用意愿对顾客应对的直接作用

Effect	se	t	p	LLCI	ULCI
0.090	0.083	1.089	0.279	−0.074	0.254

4.4.6　研究结论

实验 2 的主要目的是检验 SSTs 失败归因在使用意愿对顾客应对的影响关系中的中介效应。研究结果显示：（1）控制点归因在使用意愿与顾客应对之间起中介作用。也就是说，强迫使用会导致服务失败企业责任归因，进而负向影响顾客应对；相反，自愿使用会导致服务失败自我责任归因，进而正向影响顾客应对。（2）稳定性归因在使用意愿与顾客应对之间起中介作用。也就是说，强迫使用会导致服务失败稳定性归因，进而负向影响顾客应对；相反，自愿使用会导致服务失败不稳定性归因，进而正向影响顾客应对。

4.5　实验 3：SSTs 失败严重程度的调节效应

实验 3 的主要目的是检查 SSTs 失败严重程度的调节效应（即考察

SSTs 失败严重程度在使用意愿对 SSTs 失败归因影响的调节效应，以及 SSTs 失败严重程度在使用意愿对顾客应对影响的调节效应），检验研究假设 H_{4-3}、H_{4-4}和 H_{4-5}。

4.5.1 实验设计

1. 实验材料设计

实验 3 为 2（使用意愿：强迫 vs. 自愿）×2（服务失败严重程度：低 vs. 高）组间实验设计。因此，实验 3 的关键是设计一个能够操控使用意愿和 SSTs 失败严重程度的场景。综合考虑大学生日常消费习惯及熟悉度，本章最终选取“餐厅触摸屏点餐”为实验 3 的实验情景。

根据李和克拉尼奇（Lee & Cranage，2018）的实验情景材料，结合本章情景进行修订。经过由服务营销管理领域 1 名教授（博士）和 2 名副教授（博士）组成的专家小组讨论后，确定实验 3 的情景材料（见附录 2 - 3）。为了消除服务失败类型差异带来的潜在因素的影响，所有 4 个实验情景材料都采用“服务员检查平板电脑触摸屏并与他们的技术人员确认，并表示服务器出现故障”来统一描述顾客遭遇的 SSTs 失败类型为技术失败情景。

实验 3 的情景材料主要对 SSTs 失败严重程度和 SSTs 使用意愿进行操控（见附录 2 - 3）。其中，自愿使用的实验场景描述为“在线交了定金，预约可取消……餐厅可以自主选择服务员人工点餐，或直接使用餐厅的触摸屏点餐”，而强迫使用的实验场景描述为“在线交了定金，预约不可取消……餐厅没有人工点餐服务，不得不使用餐厅的触摸屏点餐”。高失败严重程度的实验场景描述为“你与你最要好的朋友去餐厅庆祝一个非常重要的纪念日……对洋葱严重过敏……你的朋友很不开心”，而低失败严重程度的实验场景描述为“你去餐厅吃饭……你不喜欢洋葱……你有点不开心”。

2. 实验程序

实验 3 通过问卷调查的形式来收集数据。首先，参与者被随机分配到

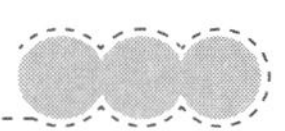

4 个不同的实验情景中的一组。其次，要求实验参与者将自己设想为材料中的主人公，阅读实验情景文字材料。再次，要求参与者根据自己阅读的情景材料，完成关于服务失败严重程度的操控检验的 4 个题项、使用意愿的操控检验的 2 个题项、SSTs 失败归因测量的 7 个题项、顾客应对测量的 19 个题项及顾客自我效能（控制变量）测量的 3 个题项。最后，还要求参与者回答性别、年级等人口统计信息。

3. 实验参与者

实验 3 是通过武汉某综合性高校的校团委微信公众号及管理学院团委微信公众号平台招募参与者在线报名，这些同学均为自愿参加本次实验。要求参与者没有参与过之前的所有“自助服务”相关实验（通过参与者的姓名和学号与之前的实验参与者名单进行比较、筛查）。

实验 3 于 2020 年 1 月 5 ~6 日进行，本次实验总共招募到 194 名参与者。剔除掉回答不完整和不合格的问卷后，实际参与者为 182 名，其中，男生 114 名（62.6%），女生 68 名（37.4%）；大一 12 人（6.6%），大二 32 人（17.6%），大三 32 人（17.6%），大四 52 人（28.6%），研究生以上 54 人（29.7%）。舒华和张亚旭（2008）指出，心理学实验中每组有 20 ~30 名参与者即可获得显著效果。实验 3 的每组实验参与者最少为 38 人，最多为 57 人，符合要求。为鼓励参与者认真填写问卷，在实验开始前，每位参与者都获得一份价值 4 元的礼品作为报酬。

4.5.2　变量测量

本实验使用的所有题项均采用 5 级李克特量表，“1”代表“完全不同意”，“5”代表“完全同意”。

1. 失败严重程度量表

本章对失败严重程度的操控检验的测量量表是根据李和克拉尼奇（Lee & Cranage, 2018）的测量量表改编而成，共 4 个测量题项（见表 4 -23）。

表 4－23　SSTs 失败严重程度量表

变量	题项
失败严重程度	在我看来，我在这家餐厅遇到的问题是一个（无关紧要的/重大的）服务失败
	在我看来，我在这家餐厅遇到的问题是一个（小问题/重大问题）
	在我看来，我在餐厅遇到的问题对我造成了（轻度不便/严重不便）
	在我看来，我在餐厅遇到的问题使我（些许恼怒/非常恼怒）

2. 使用意愿量表

使用意愿量表与实验 1 一致（见表 4－1），只是根据实验材料进行部分文字调整。

3. SSTs 失败归因量表

SSTs 失败归因量表与实验 1 一致（见表 4－9），只是根据实验材料进行部分文字调整。

4. 顾客应对量表

顾客应对量表与实验 1 一致（见表 4－2），只是根据实验材料进行部分文字调整。

5. 顾客自我效能感量表

本章将顾客自我效能作为控制变量。顾客自我效能感是指顾客对他们使用 SSTs 能力的判断（Robertson & Shaw，2009）。已有研究表明，高自我效能感的个体与低自我效能感的个体会表现出不同的归因倾向（郭本禹和姜飞月，2008；Chen，2018）。而且具备高自我效能感的顾客能更好地控制自己的情绪和行为以完成补救任务（楼尊和林琳，2010）。本章对顾客自我效能感的测量量表是根据罗伯逊和肖（Robertson & Shaw，2009）的测量量表改编而成，共 3 个测量题项（见表 4－24）。

表 4-24　顾客自我效能感量表

变量	题项
自我效能感	如果在开始时有人告诉我如何使用触摸屏，我能使用它
	如果在开始时其他人帮助我使用触摸屏，我能使用它
	如果有触摸屏的操作说明供我参考，我能使用它

4.5.3　信度、效度检验

为了检验本章研究量表的内部一致性信度，进行可靠性分析。分析结果显示，SSTs 使用意愿的 Cronbach's α 系数为 0.752；顾客应对的 Cronbach's α 系数为 0.865；自我效能的 Cronbach's α 系数为 0.765；控制点的 Cronbach's α 系数为 0.751；稳定性的 Cronbach's α 系数为 0.812；失败严重程度的 Cronbach's α 系数为 0.834。Cronbach's α 系数均大于 0.700 的标准，说明本章研究所用量表均有良好的信度。

采用 SPSS 22.0 进行探索性因子分析，提取出 6 个初始特征值大于 1 的公因子，分别是使用意愿、顾客应对、自我效能、控制点、稳定性以及失败严重程度，测项的因子载荷均在 0.50 以上。运用 AMOS 24.0 进行验证性因子分析，拟合度如表 4-25 所示，所有指标均达到理想结果，说明所用量表均有良好的效度。

表 4-25　验证性因子分析结果

Index	χ^2/df	RMSEA	RMR	CFI	NFI	PNFI
Results	2.550	0.058	0.026	0.947	0.955	0.773

4.5.4　操纵检验

为了检验使用意愿的实验刺激材料是否有效，以使用意愿为因变量进行操纵检验。如表 4-26 所示，SSTs 强迫使用组的使用意愿均值为 3.615，而自愿使用组的使用意愿均值为 3.105，低于强迫使用组的使用意愿。

表 4－26 强迫使用组与自愿使用组的使用意愿均值

使用意愿分组	严重程度分组	均值	标准差	个案数(例)
强迫使用	低严重程度	3.869	0.911	42
	高严重程度	3.378	0.954	45
	总计	3.615	0.961	87
自愿使用	低严重程度	3.053	1.295	57
	高严重程度	3.184	0.982	38
	总计	3.105	1.176	95
总计	低严重程度	3.399	1.212	99
	高严重程度	3.289	0.966	83
	总计	3.349	1.105	182

以使用意愿为因变量的双因素方差分析结果（见表 4－27）显示，使用意愿的主效应显著，F 值为 9.918，$p<0.05$，说明使用意愿组别在使用意愿上具有显著性差异。与此同时，严重程度的主效应、使用意愿与严重程度的交互效应均未达到显著性水平（$p>0.05$），说明实验 3 对使用意愿的操纵有效。

表 4－27 使用意愿的操纵检验结果

源	Ⅲ类平方和	自由度	均方	F	显著性
修正模型	17.435	3	5.812	5.079	0.002
截距	2022.544	1	2022.544	1767.713	0.000
意愿分组	11.348	1	11.348	9.918	0.002
严重分组	1.439	1	1.439	1.258	0.264
意愿分组×严重分组	4.316	1	4.316	3.772	0.054
误差	203.66	178	1.144	—	—
总计	2262.25	182	—	—	—
修正后总计	221.095	181	—	—	—

为了考察服务失败的操纵是否成功，以服务失败严重程度为因变量进行操纵检验。分析结果（见表 4－28）显示，低严重程度组的参与者所感知到的严重程度均值为 2.139，而高严重程度组的参与者所感知到的严重程度均值为 3.455，高于低严重程度组均值。

表 4－28　　服务失败严重程度操纵下的两组严重程度均值比较

使用意愿分组	严重程度分组	均值	标准差	个案数(例)
强迫使用	低严重程度	2.327	1.171	42
	高严重程度	3.378	1.223	45
	总计	2.871	1.303	87
自愿使用	低严重程度	2.000	0.484	57
	高严重程度	3.546	0.717	38
	总计	2.618	0.960	95
总计	低严重程度	2.139	0.857	99
	高严重程度	3.455	1.021	83
	总计	2.739	1.141	182

以严重程度为因变量的双因素方差分析结果（见表 4－29）显示，严重程度的主效应显著，F 值为 86.617，$p<0.05$，说明严重程度组别在严重程度上具有显著性差异。与此同时，使用意愿的主效应、使用意愿与严重程度的交互效应均未达到显著性水平（$p>0.05$），说明实验 3 对服务失败严重程度的操纵有效。

表 4－29　　服务失败严重程度操纵检验结果

源	Ⅲ类平方和	自由度	均方	F	显著性
修正模型	81.357	3	27.119	31.321	0.000
截距	1408.252	1	1408.252	1626.445	0.000
意愿分组	0.282	1	0.282	0.325	0.569
严重分组	74.997	1	74.997	86.617	0.000
意愿分组×严重分组	2.733	1	2.733	3.156	0.077
误差	154.121	178	0.866	—	—
总计	1600.875	182	—	—	—
修正后总计	235.478	181	—	—	—

4.5.5　假设检验

1. 假设 H_{4-3} 检验

为检验假设“H_{4-3}：失败严重程度调节使用意愿对顾客应对的影响关

系”(具体而言，在高失败严重程度下，使用意愿对顾客应对的影响更显著；在低失败严重程度下，强迫使用与自愿使用对顾客应对的影响无显著性差异)，进行双因素方差分析，结果（见表4－30）显示，使用意愿的主效应显著（$F = 10.028$，$p < 0.05$）；使用意愿与严重程度交互效应显著（$F = 6.710$，$p < 0.05$）。

表4－30　使用意愿与严重程度对顾客应对的影响分析结果

源	Ⅲ类平方和	自由度	均方	F	显著性
修正模型	4.190	3	1.397	5.199	0.002
截距	1598.738	1	1598.738	5950.962	0.000
意愿分组	2.694	1	2.694	10.028	0.002
严重分组	0.000	1	0.000	0.001	0.981
意愿分组×严重分组	1.803	1	1.803	6.710	0.010
误差	47.820	178	0.269	—	—
总计	1679.291	182	—	—	—
修正后总计	52.010	181	—	—	—

由表4－31可知，对于低严重程度组参与者而言，强迫使用组顾客应对的均值为2.974，自愿使用组顾客应对的均值为3.018，两者虽有差距但是不明显；而对于高严重程度组参与者而言，强迫使用组顾客应对的均值为2.774，自愿使用组顾客应对的均值为3.222，两者差距较大。本章将之绘制如图4－8所示。

表4－31　不同服务失败严重程度下的强迫与自愿使用组的顾客应对均值

使用意愿分组	严重程度分组	均值	标准差	均值的95%置信区间	
				下限	上限
强迫使用	低严重程度	2.974	0.080	2.816	3.132
	高严重程度	2.774	0.077	2.622	2.927
自愿使用	低严重程度	3.018	0.069	2.883	3.154
	高严重程度	3.222	0.084	3.056	3.388

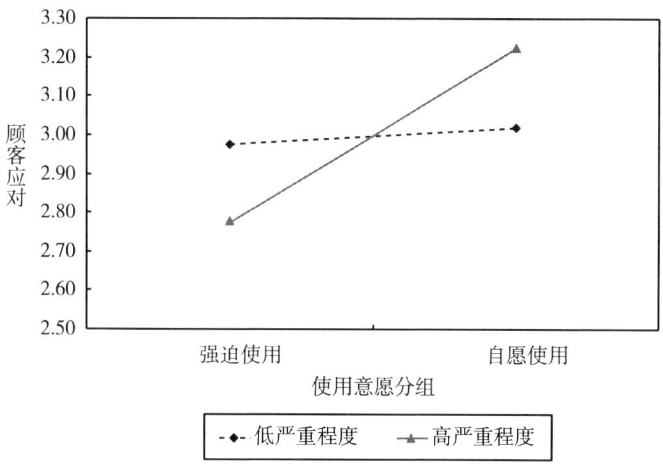

图 4-8　不同服务失败严重程度下的强迫使用组与自愿使用组的顾客应对均值

显著性检验结果（见表 4-32）显示，对于高严重程度组的参与者而言，强迫使用组顾客应对的均值为 2.774，而自愿使用组顾客应对的均值为 3.222，两者差异达到显著性水平（$F=10.028$，$p<0.05$）。

表 4-32　高严重程度下不同组别顾客应对均值差异分析结果

项目	平方和	自由度	均方	F	显著性
对比	2.694	1	2.694	10.028	0.002
误差	47.820	178	0.269	—	—

显著性检验结果（见表 4-33）显示，对于低严重程度组的参与者而言，强迫使用组顾客应对的均值为 2.974，而自愿使用组顾客应对的均值为 3.018，两者差异未达到显著性水平（$p>0.05$）。

表 4-33　低严重程度下不同组别顾客应对均值差异分析结果

项目	平方和	自由度	均方	F	显著性
对比	0	1	0	0.001	0.981
误差	47.820	178	0.269	—	—

在加入年级、性别和自我效能感等控制变量之后，方差分析结果（见表 4-34）显示，使用意愿的主效应显著（$F=8.319$，$p<0.05$）；使用意愿与严重程度的交互效应显著（$F=6.365$，$p<0.05$）。

表 4－34　纳入控制变量后使用意愿与严重程度对顾客应对的影响分析

源	Ⅲ类平方和	自由度	均方	F	显著性
修正模型	5.425	6	0.904	3.397	0.003
截距	110.105	1	110.105	413.618	0.000
性别	0.638	1	0.638	2.395	0.124
年级	0.010	1	0.010	0.038	0.846
自我效能感	0.285	1	0.285	1.070	0.302
意愿分组	2.214	1	2.214	8.319	0.004
严重分组	0.011	1	0.011	0.043	0.836
意愿分组×严重分组	1.694	1	1.694	6.365	0.013
误差	46.585	175	0.266	—	—
总计	1679.291	182	—	—	—
修正后总计	52.010	181	—	—	—

综上所述，失败严重程度调节了使用意愿对顾客应对的影响关系。具体而言，在高失败严重程度下，使用意愿对顾客应对的影响更显著；而在低失败严重程度下，强迫使用组与自愿使用组的顾客应对无显著性差异，即研究假设 H_{4-3}得到支持。

2. 假设 H_{4-4}检验

为了检验假设“H_{4-4}：失败严重程度调节了使用意愿对控制点归因的影响关系”（具体而言，在高失败严重程度下，使用意愿对控制点归因的影响更显著；而在低失败严重程度下，强迫使用与自愿使用对控制点归因无显著性差异），进行双因素方差分析。其分析结果（见表4－35）显示，使用意愿的主效应显著（$F=16.228$，$p<0.05$）；使用意愿与严重程度的交互效应显著（$F=6.159$，$p<0.05$）。

表 4－35　SSTs 使用意愿与服务失败严重程度对控制点归因的影响分析

源	Ⅲ类平方和	自由度	均方	F	显著性
修正模型	18.362	3	6.121	7	0.000
截距	1336.955	1	1336.955	1529.046	0.000
意愿分组	14.189	1	14.189	16.228	0.000

续表

源	Ⅲ类平方和	自由度	均方	F	显著性
严重分组	0.012	1	0.012	0.013	0.908
意愿分组×严重分组	5.386	1	5.386	6.159	0.014
误差	155.638	178	0.874	—	—
总计	1550.375	182	—	—	—
修正后总计	174	181	—	—	—

由表 4－36 可知，对于低严重程度组的参与者而言，强迫使用组控制点归因的均值为 2.857，而自愿使用组控制点归因的均值为 2.640，两者虽有差距但是不明显；而对于高严重程度组的参与者而言，强迫使用组控制点归因的均值为 3.189，而自愿使用组控制点归因的均值为 2.276，两者的差距较大。本章将之绘制如图 4－9 所示。

表 4－36　不同服务失败严重程度下的强迫与自愿使用组的控制点归因均值

使用意愿分组	严重程度分组	均值	标准差	均值的 95% 置信区间	
				下限	上限
强迫使用	低严重程度	2.857	0.144	2.572	3.142
	高严重程度	3.189	0.139	2.914	3.464
自愿使用	低严重程度	2.640	0.124	2.396	2.885
	高严重程度	2.276	0.152	1.977	2.576

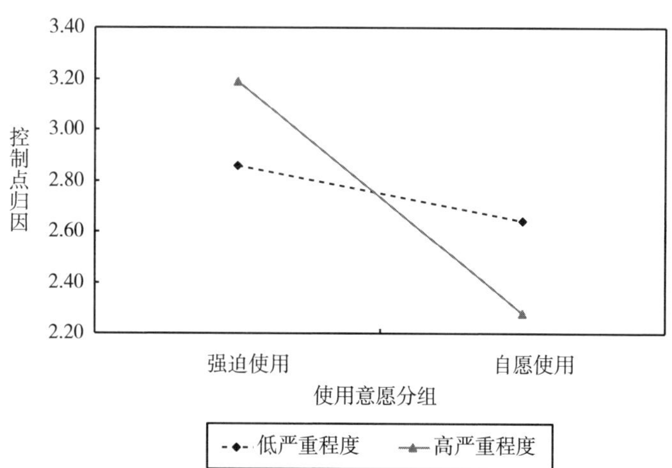

图 4－9　不同服务失败严重程度下的强迫使用组与自愿使用组的控制点归因均值

显著性检验结果（见表4－37）显示，对于高严重程度组的参与者而言，强迫使用组控制点归因的均值为3.189，而自愿使用组控制点归因的均值为2.276，两者差异达到显著性水平（$F=16.228$，$p<0.05$）。

表4－37　　高严重程度下不同组别顾客控制点归因均值差异分析结果

项目	平方和	自由度	均方	F	显著性
对比	14.189	1	14.189	16.228	0.000
误差	155.638	178	0.874	—	—

显著性检验结果（见表4－38）显示，对于低严重程度组的参与者而言，强迫使用组控制点归因的均值为2.857，而自愿使用组控制点归因的均值为2.640，两者差异未达到显著性水平（$p>0.05$）。

表4－38　　低严重程度下不同组别顾客控制点归因均值差异分析结果

项目	平方和	自由度	均方	F	显著性
对比	0.012	1	0.012	0.013	0.908
误差	155.638	178	0.874	—	—

综上所述，失败严重程度调节了使用意愿对控制点归因的影响关系。具体而言，在高失败严重程度下，使用意愿对控制点归因的影响更显著；而在低失败严重程度下，强迫使用组与自愿使用组的控制点归因无显著性差异，即H_{4-4}得到支持。

3. 假设H_{4-5}检验

为了检验假设“H_{4-5}：失败严重程度调节了使用意愿对稳定性归因的影响关系”(具体而言，在高失败严重程度下，使用意愿对稳定性归因的影响更显著；而在低失败严重程度下，强迫使用与自愿使用对稳定性归因无显著性差异)，进行双因素方差分析。分析结果（见表4－39）显示，使用意愿的主效应显著（$F=21.667$，$p<0.05$）；使用意愿与严重程度的交互效应显著（$F=8.665$，$p<0.05$）。

表 4－39　　SSTs 使用意愿与服务失败严重程度对稳定性归因的影响分析

源	Ⅲ类平方和	自由度	均方	F	显著性
修正模型	26.689	3	8.896	9.445	0.000
截距	1305.735	1	1305.735	1386.342	0.000
意愿分组	20.407	1	20.407	21.667	0.000
严重分组	0.104	1	0.104	0.110	0.740
意愿分组 × 严重分组	8.161	1	8.161	8.665	0.004
误差	167.651	178	0.942	—	—
总计	1542.444	182	—	—	—
修正后总计	194.339	181	—	—	—

由表 4－40 可知，对于低严重程度组的参与者而言，强迫使用组稳定性归因的均值为 2.857，而自愿使用组稳定性归因的均值为 2.608，两者虽有差距但是不明显；而对于高严重程度组的参与者而言，强迫使用组稳定性归因的均值为 3.237，而自愿使用组稳定性归因的均值为 2.132，两者的差距较为明显。本章将之绘制如图 4－10 所示。

表 4－40　　不同服务失败严重程度下的强迫与自愿使用组的稳定性归因均值

使用意愿分组	严重程度分组	均值	标准差	均值的 95% 置信区间	
				下限	上限
强迫使用	低严重程度	2.857	0.150	2.562	3.153
	高严重程度	3.237	0.145	2.952	3.523
自愿使用	低严重程度	2.608	0.129	2.355	2.862
	高严重程度	2.132	0.157	1.821	2.442

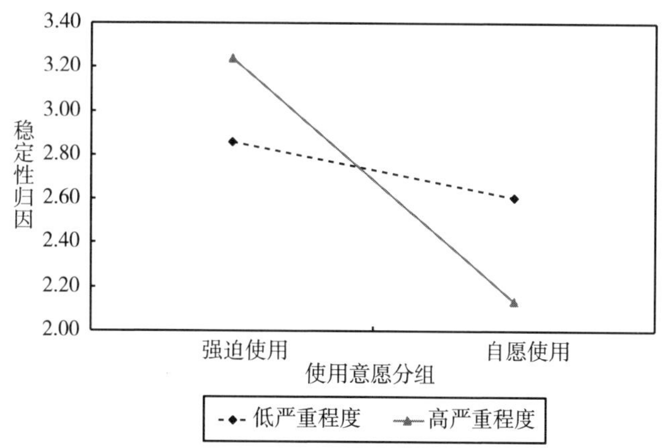

图 4－10　不同服务失败严重程度下的强迫使用组与自愿使用组的稳定性归因均值

显著性检验结果（见表4-41）显示，对于高严重程度组的参与者而言，强迫使用组稳定性归因的均值为3.237，而自愿使用组稳定性归因的均值为2.132，两者差异达到显著性水平（$F=21.667$，$p<0.05$）。

表4-41　　高严重程度下不同组别顾客稳定性归因均值差异分析结果

项目	平方和	自由度	均方	F	显著性
对比	20.407	1	20.407	21.667	0.000
误差	167.651	178	0.942	—	—

显著性检验结果（见表4-42）显示，对于低严重程度组的参与者而言，强迫使用组稳定性归因的均值为2.857，而自愿使用组稳定性归因的均值为2.608，两者差异未达到显著性水平（$p>0.05$）。

表4-42　　低严重程度下不同组别顾客稳定性归因均值差异分析结果

项目	平方和	自由度	均方	F	显著性
对比	0.104	1	0.104	0.110	0.740
误差	167.651	178	0.942	—	—

综上所述，失败严重程度调节了使用意愿对稳定性归因的影响关系。具体而言，在高失败严重程度下，使用意愿对稳定性归因的影响更显著；而在低失败严重程度下，强迫使用组与自愿使用组的稳定性归因无显著性差异，即H_{4-5}得到支持。

4. 中介效应检验

为进一步考察控制点归因在使用意愿与失败严重程度对顾客应对中的中介效应，参考普里彻和海耶斯（Preacher & Hayes，2004）的Bootstrapping方法，采用PROCESS程序进行分析。设定重复抽取Bootstrapping样本量为5000个，选择取样方法为偏差校正的非参数百分位法。分析结果（见表4-43）显示，控制点归因在使用意愿与严重程度对顾客应对的影响中（意愿分组→控制点归因→顾客应对）的中介效应显著（中介效应量=0.323，SE=0.127，95% CI［0.076，0.574］，不包含0）。

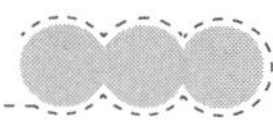

表 4-43　控制点归因的中介效应分析

项目	Index	SE	LLCI	ULCI
严重程度分组	0.323	0.127	0.076	0.574

不同严重程度下的控制点归因中介效应分析结果如表 4-44 所示。对于低严重程度的服务失败而言，控制点归因在使用意愿对顾客应对的影响中的中介效应不显著（中介效应量 =0.101，SE =0.094，95% CI［-0.086，0.291］，包含 0）；而对于高严重程度的服务失败而言，控制点归因在使用意愿对顾客应对的影响中的中介效应达到显著水平（中介效应量 =0.423，SE =0.091，95% CI［0.248，0.608］，不包含 0）。

表 4-44　不同严重程度下的控制点归因中介效应分析检验

严重程度分组	Effect	SE	LLCI	ULCI
低严重组	0.101	0.094	-0.086	0.291
高严重组	0.423	0.091	0.248	0.608

为了进一步考察稳定性归因在使用意愿与失败严重程度对顾客应对中的中介效应，参考普里彻和海斯（Preacher & Hayes，2004）的 Bootstrapping 方法，采用 PROCESS 程序进行分析。设定重复抽取 Bootstrapping 样本量为 5000 个，选择取样方法为偏差校正的非参数百分位法。分析结果（见表 4-45）显示，稳定性归因在使用意愿与严重程度对顾客应对的影响中（意愿分组→稳定性归因→顾客应对）的中介效应显著（中介效应量 = -0.092，SE =0.046，95% CI［-0.190，-0.011］，不包含 0）。

表 4-45　稳定性归因的中介效应分析

项目	Index	SE	LLCI	ULCI
严重程度分组	-0.092	0.046	-0.190	-0.011

不同严重程度下的稳定性归因中介效应分析结果如表 4-46 所示。对于低严重程度的服务失败而言，稳定性归因在使用意愿对顾客应对的影响

中的中介效应不显著（中介效应量 = -0.027，SE = 0.023，95% CI [-0.076，0.016]，包含0）；而对于高严重程度的服务失败而言，稳定性归因在使用意愿对顾客应对的影响中的中介效应达到显著水平（中介效应量 = -0.119，SE = 0.047，95% CI [-0.209，-0.021]，不包含0）。

表 4-46　　不同严重程度下的稳定性归因中介效应分析检验

严重程度分组	Effect	SE	LLCI	ULCI
低严重组	-0.027	0.023	-0.076	0.016
高严重组	-0.119	0.047	-0.209	-0.021

4.5.6 研究结论

实验3的主要目的是检验SSTs失败严重程度的调节效应，研究结果显示：

（1）SSTs失败严重程度调节了顾客使用意愿对顾客应对的影响关系。具体而言，在高失败严重程度下，使用意愿对顾客应对的影响更显著（即相比于自愿使用，强迫使用对顾客应对的影响在高失败严重程度下将更加凸显）；而在低失败严重程度下，使用意愿对顾客应对的影响无显著性差异（即强迫使用与自愿使用都会导致顾客积极应对）。

（2）SSTs失败严重程度调节了顾客使用意愿对SSTs失败控制点归因的影响关系。具体而言，在高失败严重程度下，使用意愿对控制点归因的影响更显著（即相比于自愿使用，强迫使用更容易导致企业责任归因）；而在低失败严重程度下，使用意愿对控制点归因无显著性差异（即强迫使用与自愿使用都会导致SSTs失败自我责任归因）。

（3）SSTs失败严重程度调节了顾客使用意愿对SSTs失败稳定性归因的影响关系。具体而言，在高失败严重程度下，使用意愿对稳定性归因的影响更显著（即相比于自愿使用，强迫使用更容易导致稳定性归因）；而在低失败严重程度下，使用意愿对稳定性归因无显著性差异（即强迫使用与自愿使用都会导致SSTs失败不稳定归因）。

4.6 本章小结

本章以权力接近—抑制理论、归因理论和压力应对理论为基础理论，基于“刺激—有机体—反应”（S-O-R）的逻辑框架，构建 SSTs 使用意愿（强迫使用 vs. 自愿使用）（S）对 SSTs 失败归因（O）及顾客应对（R）的影响并考察 SSTs 失败严重程度（S）调节作用的研究模型。本章设计 2（高失败严重程度 vs. 低失败严重程度）×2（强迫使用 vs. 自愿使用）的组间因子实验，采用情景模拟实验法收集数据对研究模型和假设进行检验。本章结果显示：

（1）SSTs 使用意愿正向影响顾客应对。即相比于 SSTs 强迫使用，SSTs 自愿使用的顾客应对更积极。

（2）控制点归因在使用意愿与顾客应对之间起到中介效应。即强迫使用会导致 SSTs 失败企业责任归因，进而负向影响顾客应对；相反，自愿使用会导致 SSTs 失败自我责任归因，进而正向影响顾客应对。

（3）稳定性归因在使用意愿与顾客应对之间起到中介效应。即强迫使用会导致 SSTs 失败稳定性归因，进而负向影响顾客应对；相反，自愿使用会导致 SSTs 失败不稳定性归因，进而正向影响顾客应对。

（4）SSTs 失败严重程度调节了顾客使用意愿对顾客应对的影响关系。即顾客使用意愿对顾客应对的影响关系存在边界条件。具体而言，在高 SSTs 失败严重程度下，使用意愿对顾客应对的影响更显著；而在低 SSTs 失败严重程度下，使用意愿对顾客应对的影响无显著性差异。

（5）SSTs 失败严重程度调节了顾客使用意愿对 SSTs 失败控制点归因的影响关系。即顾客使用意愿对 SSTs 失败控制点归因的影响关系存在边界条件。具体而言，在高 SSTs 失败严重程度下，使用意愿对控制点归因的影响更显著；而在低 SSTs 失败严重程度下，使用意愿对控制点归因无显著性差异。

（6）SSTs 失败严重程度调节了顾客使用意愿对 SSTs 失败稳定性归因

的影响关系。即顾客使用意愿对 SSTs 失败稳定性归因的影响关系存在边界条件。具体而言，在高 SSTs 失败严重程度下，使用意愿对稳定性归因的影响更显著；而在低 SSTs 失败严重程度下，使用意愿对稳定性归因无显著性差异。

顾客独立参与 SSTs 补救机制研究

5.1 研究问题的提出

5.1.1 实践背景

1. 顾客独立参与 SSTs 补救问题的提出

SSTs 具有“高技术、低接触”的特性，企业服务人员往往不在服务现场，而须由顾客扮演服务人员的角色完成服务交付流程。然而，顾客在 SSTs 使用过程中不可避免会遭遇服务失败。美国客户服务软件提供商格拉迪尼（Gladly）发布的《2018 年顾客服务期望调查》显示，有 92% 的参与者认为在遭遇 3 次或更少的服务失败后，他们就不会从企业重复购买了。而且其中有 26% 的受访者将在首次遭遇服务失败后停止购买（Forbes, 2018）。因此，对企业而言，对遭遇 SSTs 失败的顾客进行补救显得更加重要（Dabholkar & Spaid，2012；Um et al.，2020）。

SSTs 补救是指在发生服务失败后，企业、顾客独立或共同所采用的一系列能够实现顾客期望、使顾客满意的措施（彭艳君，2015）。按照参与补救的主体差异，服务补救可以被划分为企业补救、联合补救以及顾客补救3种类型（Dong et al.，2008）。传统观点认为，企业补救是补救顾客资产的重要工具，但是企业补救在解决顾客—企业联合生产环境中的服务失败（尤其是SSTs失败）时可能不是最佳解决方案（Dong et al.，2011）。也就是说，在由顾客主导的SSTs生产环境中，企业补救及联合补救等服务补救类型变得并不十分具有可行性。顾客在遭遇SSTs失败后，很难向技术支持人员准确报告错误（Forbes，2008）。企业想要完成补救必须依托远程设备维护能力，但绝大多数企业目前并无这种能力（彭艳君，2014）。传统服务补救中强调的及时、主动等补救措施很明显不适用于SSTs情景。在遭遇SSTs失败后，企业服务人员往往不在"现场"，顾客需在压力情景下通过整合其自身现有各种资源（包括顾客的技能、知识及外部资源），独立承担参与SSTs补救的主要角色，被迫参与SSTs补救（Zhu et al.，2013；Heidenreich et al.，2015；楼尊和林琳，2010），即顾客需要独立参与SSTs补救。因此，顾客独立参与SSTs补救（即顾客补救）是更为常见的SSTs补救类型。本章将顾客独立参与SSTs补救定义为"在SSTs失败后中心顾客在无法及时获得服务人员及其他顾客帮助下独立完成服务补救的行为"。然而，顾客何时以及如何独立参与SSTs补救？即顾客独立参与SSTs补救的影响机制如何？这个问题对学者和推行SSTs的企业管理者都有待深入研究。

与面临服务人员失败的顾客相比，遇到SSTs失败的顾客会更生气，他们会有更多负面反应（Chen et al.，2021）。例如，他们往往会产生愤怒、无助等消极情绪（Gelbrich，2010），甚至是抱怨及负面口碑传播（Groth et al.，2005）。刘和马蒂拉（Liu & Mattila，2019）研究指出，使用Apple Pay付款失败会导致顾客感到尴尬，他们会变得更加不满意。以上研究表明，企业的服务补救工作不仅需要解决问题，而且还需要减轻顾客所经历的消极情绪（例如，尴尬、愤怒等）。因此，深入理解遭遇SSTs失败后顾客情绪的前因及后果（例如，顾客独立参与SSTs补救）对于提供SSTs企业也显得非常重要。

2. 压力情景因素对顾客独立参与SSTs补救影响的问题提出

众所周知，顾客在不同使用环境中会有到不同的服务体验。顾客会以

特定服务情景来评估其服务感知价值（Plé，2017；Djelassi et al.，2018）。已有研究表明，服务补救能否产生预期成效，取决于当时的情境（McDougall & Levesque，2000；Xu et al.，2014），理解影响补救行为的特定情景因素可以为企业提供富有成效的见解（Skourtis et al.，2019）。因此，对于企业而言，情境因素如何影响顾客使用 SSTs 意愿的问题变得越来越重要（Dabholkar & Bagozzi，2002）。然而，目前对基于技术的 SSTs 环境中的情境因素的研究还比较有限（Dabholkar & Bagozzi，2002）。斯库尔提斯等（Skourtis et al.，2019）指出，未来研究需要理解影响服务补救行为的特定情景因素，以便深入对服务补救的理解。

拥挤感知和时间压力是在公共 SSTs 使用过程中两个重要的情景因素（即空间和时间两个维度）。在地铁自助售票机、商店自助收银机、热门旅游景区（主题公园）自助售票机（或信息查询机）、医院自助挂号缴费机等公共 SSTs 使用情景中，经常出现大量人群聚集排列的现象，顾客的拥挤感知会明显增强。拥挤感知是个体认为所处环境人员密度过高，并正在经历感官和社会超负荷的一种消极主观体验（Rapoport，1975）。可以将拥挤视为一种压力情境（Freedman et al.，1971）。拥挤感知可能会在涉及陌生人的公共场所（例如，超市、百货公司、火车站、银行、酒吧等）得到加强（Vine，1981）。拥挤感知必然会对顾客情绪及其 SSTs 使用体验（尤其是遭遇 SSTs 失败后的顾客体验）产生重要影响。与此同时，在拥挤的公共 SSTs 使用情景下，顾客往往也面临着时间压力的限制。时间压力是指由于没有足够的时间完成所要求的任务而产生的心理紧迫感（Keinan et al.，1987）。腾等（Teng et al.，2014）研究表明，时间压力会对服务失败产生影响。在确定服务失败原因时，时间压力也是需要考虑的一个关键因素。在公共 SSTs 失败情景中，感知拥挤、时间压力等压力情景因素如何影响顾客情绪及其独立参与 SSTs 补救意愿？这是在服务人员无法直接接触顾客的 SSTs 使用情景下，提供 SSTs 的企业需要深入理解的一个重要的现实问题。

基于上述现实背景，本章聚焦于回答一个重要但被忽视的问题——拥挤感知和时间压力等压力情景因素如何影响 SSTs 失败后顾客独立参与

SSTs 补救意愿？即本章主要考察拥挤感知及时间压力等压力情景因素对顾客独立参与 SSTs 补救的影响机制。

5.1.2 理论背景

近年来，顾客参与企业价值共创受到学者的极大关注（Dong & Sivakumar，2015；Galvagno & Dalli，2014）。然而，现有研究主要集中在对“成功”的顾客参与（例如，产品设计共创）的研究，而忽略了对“失败”的顾客参与（例如，顾客参与服务补救）的研究（Dong & Sivakumar，2015）。有研究指出，学术界对于顾客参与对个人心理和情绪反应的影响知之甚少（Bendapudi & Leone，2003；Mustak et al.，2013；Chen，2018）。

服务失败和补救研究一直受到学者们的关注。早期服务补救研究主要聚焦于企业补救。近年来，企业—顾客联合补救也引起越来越多学者的注意（例如，Heidenreich et al.，2015；Dong et al.，2008；Roggeveen et al.，2012；Xu et al.，2014），然而，现有对于顾客补救（即顾客独立参与补救）的研究却显得较为缺乏。本书第 3 章研究结论也表明，顾客独立参与服务补救（即顾客补救）是最常见的在线 SSTs 补救类型。董等（Dong et al.，2011）研究也指出，目前尚不清楚顾客是否愿意以及在何种条件下愿意参与服务补救。

虽然 SSTs 失败研究得到了国内外学者的普遍关注，但是对 SSTs 补救行为的研究仍比较薄弱（Mattila et al.，2009；Nili et al.，2014）。相比于丰富的传统人际服务补救研究而言，现有对顾客在 SSTs 补救中的角色及顾客独立参与 SSTs 补救机制的研究仍较为缺乏。甚至有研究指出，现有 SSTs 补救的实证研究与企业实践需求相差甚远，无法为企业提供有效且节省成本的应对 SSTs 失败的措施（Dao & Theotokis，2021）。陈等（Chen et al.，2021）研究也指出，未来研究可以探索如何在没有员工在场的情况下对 SSTs 失败进行有效补救。

传统人际服务情景的研究表明，服务补救能否产生预期成效，取决于当时的情境（McDougall & Levesque，2000）。SSTs 情景的研究也表明，使

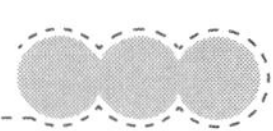

用情景对 SSTs 使用态度和行为也会产生影响（杨水清等，2012；Cheng，2012）。拥挤感知和时间压力是 SSTs 使用过程中两个重要的压力情景因素。现有拥挤感知的研究主要集中在超市、百货公司、火车站、银行、酒吧等传统人际服务场景。正如费雷拉等（Ferreira et al.，2017）所言，拥挤感知对顾客积极情绪和消极情绪的影响仍然很重要。彭新波和高华（2011）指出，不同时间压力情境、不同情绪状态对决策的影响，以及不同情绪状态个体在不同时间压力情境下的决策状况仍有待继续研究。然而，很少有研究关注基于技术的 SSTs 环境中的情境因素（Dabholkar & Bagozzi，2002），对于 SSTs 场景下拥挤感知、时间压力等情景因素对顾客情绪的影响更是缺乏必要的认知。除易和金（Yi & Kim，2017）的研究以外，现有 SSTs 补救研究更是缺乏对情景因素的考虑。

情绪调节了环境和行为反应之间的关系（Donovan et al.，1994）。顾客在遭遇在线服务失败后的消极情绪对顾客参与服务补救行为有重要影响（Chang et al.，2015）。斯库尔提斯等（Skourtis et al.，2019）研究也指出，未来研究可以检验顾客情绪对顾客参与服务补救角色内行为的影响。然而，现有关于顾客情绪对顾客参与服务补救的研究多关注消极情绪，忽略了积极情绪对顾客参与服务补救的影响，更缺乏在 SSTs 失败情景下顾客情绪对顾客参与 SSTs 补救行为的影响研究。现有对于服务失败后顾客情绪如何影响服务补救评估的实证研究较为缺乏（Crisafulli & Singh，2017）。史密斯和博尔顿（Smith & Bolton，2002）研究了酒店和餐厅服务失败引发的顾客情绪对顾客对企业补救努力的反应的影响。此外，学术界对于顾客参与对个人心理和情绪反应的影响也知之甚少（Chen，2018）。因此，本章将同时考察积极情绪和消极情绪在拥挤感知对顾客独立参与 SSTs 补救影响中介效应，以此来揭示顾客独立参与 SSTs 补救的影响机制。

心理韧性是心理学领域的研究热点，近年开始逐渐被延伸到管理领域。然而，国内外关于管理领域心理韧性的实证研究仍较为缺乏，研究内容主要涉及组织行为领域员工心理韧性影响因素，目前尚未发现顾客心理韧性的相关研究。在遭遇 SSTs 失败后的压力情景下，顾客需要扮演服务人员的角色独立完成 SSTs 补救。其个体的心理韧性必然对其补救行为产生重要影响。因此，本章将心理韧性引入 SSTs 失败情景，考察顾客心理韧性在顾客情绪对顾客独立参与 SSTs 补救影响中的调节作用。

基于上述理论背景，本章将聚焦于顾客独立参与 SSTs 补救的影响机制。具体而言，本章将探讨公共 SSTs 使用情景中拥挤感知、时间压力等压力情境因素对顾客独立参与 SSTs 补救的影响机制，考察顾客情绪的中介效应和顾客心理韧性的调节效应。

5.1.3 研究意义

1. 理论意义

基于权力接近—抑制理论和心理韧性理论，本章将服务补救研究从传统人际服务接触情景（企业主导）拓展到 SSTs 情景（顾客主导），揭示拥挤感知及时间压力等压力情景因素对顾客独立参与 SSTs 补救产生影响的“黑箱”，深化和拓展对顾客参与服务补救的角色行为的理解，明确顾客情绪对顾客独立参与 SSTs 补救的影响的边界条件（即顾客心理韧性的调节效应）。本章将权力接近—抑制理论和心理韧性理论拓展至 SSTs 补救研究领域，将丰富这两个理论的研究成果。本章也为进一步探讨情景因素对顾客独立参与 SSTs 补救的影响机制提供有价值的参考。

2. 现实意义

在公共 SSTs 使用情景中，环境拥挤感知及时间压力必然会给顾客使用 SSTs 带来压力。本章结论可以帮助正在推行或准备推行 SSTs 的企业深入理解顾客在遭遇 SSTs 失败后是否以及在何种情况下更愿意独立参与 SSTs 补救。本章还可以为企业提供有价值的管理建议，以便采取有效措施来提高顾客独立参与 SSTs 补救的意愿。

5.1.4 研究内容

本章以权力接近—抑制理论、心理韧性理论为基础理论，基于

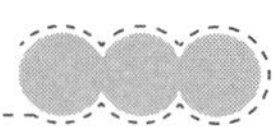

“刺激—有机体—反应”（S-O-R）的逻辑框架，构建拥挤感知、时间压力等压力情景因素对顾客独立参与 SSTs 补救的影响，考察顾客情绪的中介效应和顾客心理韧性的调节效应的研究模型。采用情景模拟实验法进行数据收集，运用统计软件进行分析，对研究模型及研究假设进行检验。

本章具体研究内容包括：（1）考察拥挤感知对顾客情绪的影响；（2）考察时间压力在拥挤感知对顾客情绪影响的调节效应；（3）考察顾客情绪在拥挤感知对顾客独立参与 SSTs 补救的中介效应；（4）考察顾客心理韧性在顾客情绪对顾客独立参与 SSTs 补救影响的调节效应；（5）考察顾客独立参与 SSTs 补救对补救后顾客满意的影响。

5.2 研究模型与研究假设

已有大量研究证明，梅拉比安和拉塞尔（Mehrabian & Russell，1974）提出的“刺激—有机体—反应”（S-O-R）模型用来解释“感知—情绪—行为”的影响机制是可行的（例如，Dong & Sivakumar，2017）。基于 S-O-R 模型，本章构建拥挤感知和时间压力交互作用（S）对顾客情绪（O）及顾客独立参与 SSTs 补救和补救后顾客满意（R）的影响模型，考察顾客心理韧性的调节效应（见图 5-1）。

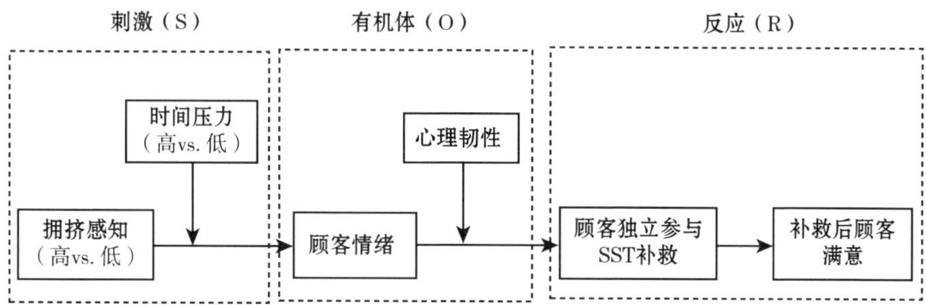

图 5-1　研究模型

5.2.1 拥挤感知与顾客情绪

拥挤感知是个体认为所处环境人员密度过高，并正在经历感官和社会超负荷的一种消极主观体验（Rapoport，1975）。可以将拥挤视为一种压力情境（Freedman et al.，1971），而且拥挤感知可能会在涉及陌生人的公共场所得到加强（Vine，1981）。零售情景的拥挤感知被理解为个体对人群的反应（Ferreira et al.，2017）。学者们已对超市（Aylott & Mitchell，1998）、百货公司（Mackintosh et al.，1975）、火车站（Hui & Bateson，1990）、银行（Hui & Bateson，1991）和酒吧（Pons et al.，2006）等人际服务消费环境中的拥挤感知的影响进行了研究。已有研究表明，拥挤会导致零售环境中的压力或缺乏控制（Hui & Bateson，1991；Langer & Saegert，1977），因此呈现出顾客拥挤感知。拥挤感知还会对个人造成威胁，进而影响个人消费行为。李华夫和朱（Levav & Zhu，2009）研究表明，限制性的空间会激活人的约束感，进而威胁到个人自由感知。所以，受到威胁的个人可能会表现出重获自由的行为形式。谢里德（Sherrod，1974）研究指出，拥挤会消耗个人自我控制的资源，并且对个人后续行为产生显著负面影响。拥挤感知会对购买决策行为产生影响。例如，对传统零售购物环境的研究表明，对拥挤敏感的顾客更倾向于冲动购买（Mattila & Wirtz，2008），购买更少或直接离开商店（Grossbart et al.，1990），购物满意度降低（Machleit et al.，2000）。

情绪是指个体受到某种刺激后产生的心理状态，或者说是个体对客观事物所持的态度体验（张圣亮和吕俊，2010）。根据神经心理学的研究，情绪是个体对环境威胁的自然、本能反应（Zhou et al.，2014）。本章中的顾客情绪是指顾客在遭遇 SSTs 失败刺激后产生的主观认知评价。基于情绪性质的研究范式，情绪可以被划分为积极情绪和消极情绪（Hazan & Shaver，1987；Watson & Tellegen，1985）。其中，积极情绪是指个体由于体内外刺激、事件满足个体需要而产生的伴有愉悦感受的情绪，而消极情绪是指一种心情低落和陷入不愉快激活境况的基本主观体验（崔楠，2015）。此外，

伊泽德（Izard，1997）还将情绪分为积极情绪、消极情绪和中性情绪 3 种类型。

学者们一般认为，拥挤感知会导致顾客消极情绪。沈曼琼等（2019）研究指出，拥挤感知导致顾客负面情绪产生的原因主要是因为顾客对环境感知的不确定性引发的焦虑。恩格乏鲁等（Eroglu et al.，2006）认为，愤怒和伤心是受拥挤感知影响最大的情绪。狄昂（Dion，2004）研究表明，不舒服和匆忙是拥挤感知影响最大的情绪。现有拥挤对购买决策的影响研究也表明，拥挤会导致消极情绪。例如，贝克和韦克菲尔德（Baker & Wakefield，2012）研究指出，拥挤会导致压力，降低顾客购物乐趣。斯陶克（Stokols，1972）研究指出，当顾客没有足够的空间时，他们可能会认为整体购物体验不愉快，由此导致消极情绪（例如，焦虑和压力）的产生。

然而，一些研究还发现，拥挤感知也会对顾客体验到的愉悦感有积极影响。例如，潘和西门子（Pan & Siemens，2011）研究表明，拥挤感知与积极情绪有关。贝克和韦克菲尔德（Baker & Wakefield，2012）研究表明，零售情景中的拥挤感知既有可能产生积极情绪反应（如快乐），也可能产生消极情绪反应。李等（Li et al.，2009）对此解释说，因为人群拥挤使商店更加热闹，当顾客被其他顾客包围时，会感觉到兴奋。达斯和瓦沙尼亚（Das & Varshneya，2017）指出，拥挤的商店吸引顾客的兴趣，使顾客热衷于光顾该商店，所以拥挤的人群可能有积极影响。梅塔等（Mehta et al.，2013）研究甚至还发现，拥挤感知与购物过程中快乐情绪呈现倒“U”型关系。但是费雷拉等（Ferreira et al.，2017）研究表明，拥挤感知对顾客消极情绪的影响大于对其积极情绪影响。

有关服务失败后顾客情绪反应的研究受到学者们的普遍关注。例如，史密斯和博尔顿（Smith & Bolton，1998）研究指出，服务失败会使顾客产生不满、失望、生气和焦虑等消极情绪。已有研究表明，顾客在使用 SSTs 的过程中也会表现出积极情绪。现有关于 SSTs 使用的研究表明，感知愉悦和乐趣是顾客使用 SSTs 的主要利益追求（Dabholkar & Bagozzi，2002；Dabholkar et al.，2003；Van Der Heijden，2004；Curran et al.，2007；Venkatesh & Bala，2008；楼尊和林琳，2010）。感知乐趣是指顾客在使用产品和接受服务的过程中所得到的享受感和快乐感，是一种正面的顾客情感体验（Curran et al.，2007）。感知愉悦和乐趣正是顾客在使用SSTs过程中产生的积极情绪。

现有拥挤感知研究主要聚焦于传统零售情景，往往忽略对SSTs使用（及SSTs失败）情景中拥挤感知对顾客情绪的影响研究。如上所述，拥挤可被视为一种压力情境。在拥挤的公共SSTs（如景区、主题公园等自助售票机）使用情景中，限制性空间会激活顾客约束感（即顾客会感受到个人空间受到侵犯）（沈曼琼等，2019），进而威胁到个人自由感知（Levav & Zhu，2009），消耗个人自我控制资源（Sherrod，1974）。而在此情景中遭遇SSTs失败后的顾客因为无法立即联系服务人员提供帮助，其自由威胁感知更可能会加强，其自我控制资源消耗可能更加明显，这必然会对其情绪产生影响。

综上所述，本章推断，在SSTs失败情景中，拥挤感知对顾客情绪（包括积极情绪和消极情绪）会产生负向影响。因此，本章提出如下假设：

H_{5-1}：顾客拥挤感知负向影响顾客情绪。

5.2.2 时间压力的调节效应

时间压力是指由于没有足够的时间完成所要求的任务而产生的心理紧迫感（Keinan et al.，1987）。近年来，时间压力对顾客购买决策行为的影响研究得到营销领域学者的关注。彼得斯等（Pieters et al.，1999）研究发现，时间压力显著影响顾客品牌选择。针对冲动性购物的研究表明，时间压力正向影响顾客积极情绪。斯卡勒鲁德等（Skallerud et al.，2009）研究发现，购物时间压力会对顾客冲动购买意向产生影响。王成慧等（2018）研究发现，时间压力会夸大顾客感知收益，降低感知风险，导致积极购买情绪。刘梦玮和汤定娜（2018）研究发现，时间压力显著正向影响移动购物意愿。翁文静等（2020）研究表明，感知愉悦在时间压力和冲动性购买意愿影响关系中起部分中介效应。

然而现有研究却忽视了时间压力对情绪状态的影响（彭新波和高华，

2011)。已有心理学研究表明，时间压力会导致抑郁情绪的形成（Roxburgh，2004)，还会负向影响幸福感（Gärling et al.，2014；Van Emmerik & Jawahar，2006)。图赫曼等（Teuchmann et al.，1999）研究表明，时间压力正向影响消极情绪，并导致情绪衰竭与倦怠。消费行为领域的研究也表明，时间压力会引起顾客消极的情绪体验（刘梦玮和汤定娜，2018)。现有对时间压力下的决策行为中的情绪变量的研究还非常有限（仅涉及焦虑等情绪)，未来还需继续拓展（王倩和江琦，2011)。由此可见，时间压力对积极情绪和消极情绪都有影响。

在公共 SSTs 使用情景下，顾客常常面临着空间压力（拥挤）和时间压力的双重压力限制。根据时间压力的定义，在高时间压力下，顾客因为没有足够时间完成任务，其感知控制更低（Teuchmann et al.，1999)，由此产生的心理紧迫感更高（Keinan et al.，1987)。根据权力接近—抑制理论（Keltner et al.，2003)，在高时间压力下，相比于低拥挤感知，高拥挤感知的顾客可能会感知拥有的权力更小，其行为受到空间和时间的限制更大，所以更容易产生负面消极情绪，更关注消费环境带来的与威胁相关的信息。因此，本章推断，在高时间压力下，相比于低拥挤感知，高拥挤感知对顾客情绪的影响更强。

根据时间压力的定义，在低时间压力下，顾客拥有足够多的时间完成任务，其感知控制更高（Teuchmann et al.，1999)，由此产生的心理紧迫感也较低（Keinan et al.，1987)。如上所述，虽然拥挤感知负向影响顾客情绪，但是低时间压力带来的高控制感可能减少拥挤感知对顾客情绪的负向影响，使得拥挤感知对顾客情绪的影响不显著。即在低时间压力下，顾客有足够多的时间完成 SSTs 使用及补救任务，而环境拥挤对顾客情绪的影响不显著。

综上所述，本章推断，时间压力调节拥挤感知对顾客情绪的影响关系。因此，本章提出研究假设：

H_{5-2}：时间压力在拥挤感知对顾客情绪影响的过程中起调节作用。具体来说，在高时间压力水平下，相比于低拥挤感知，高拥挤感知对顾客情绪的影响更强；相反，在低时间压力水平下，拥挤感知对顾客情绪的影响不显著。

5.2.3 顾客情绪的中介效应

研究表明，拥挤感知不仅会影响顾客情绪（Bateson & Hui，1992），还会因此产生顾客应对行为，如应激行为（Stokols，1972）、不耐烦行为（Harrell et al.，1980）。卢斯等（Luce et al.，2001）研究表明，顾客会提出具体应对策略来处理拥挤感知造成的消极情绪，以适应购买体验的特定情景。怀廷（Whiting，2009）研究表明，拥挤的零售环境中的顾客经常使用诸如疏远、避免或逃逸等应对策略。

当服务失败发生时，顾客经常会感受到消极情绪，并在情绪化的条件下进行决策（Yi & Baumgartner，2004）。因此，本章推断，顾客情绪对服务失败后顾客反应及其参与服务补救的意愿也会产生影响。张等（Chang et al.，2015）研究指出，顾客在遭遇在线服务失败后的消极情绪对顾客参与服务补救行为有重要影响。已有研究表明，技术焦虑情绪对顾客参与服务补救意愿产生影响。例如，阿克曼等（Akman et al.，2012）研究发现，技术焦虑会妨碍角色清晰度，并导致顾客独立完成服务补救的意愿降低；而以前经验、感知控制和享受能够促进顾客角色的清晰度和能力，并导致顾客独立完成服务补救的意愿增加。朱等（Zhu et al.，2013）研究也发现，感知技术控制积极影响顾客的服务补救预期，而服务补救预期会影响顾客补救努力，从而增加其坚持完成服务补救的可能性。尼利等（Nili et al.，2014）研究指出，影响顾客坚持完成SSTs补救的因素主要有技术焦虑、感知行为控制、感知技术控制、补救期望及责任归因等。

作为服务补救的积极参与者，让顾客参与服务补救可以增强他们的控制感（Guo et al.，2016）。根据权力接近—抑制理论，顾客在高拥挤感知情景下，其感知控制权力（包括感知行为控制和感知技术控制）会减少，其行为受到的空间限制更大，更容易产生消极情绪（如技术焦虑），妨碍顾客自身角色清晰度，导致其独立参与完成SSTs补救的意愿降低。相反，根据权力接近—抑制理论，顾客在低拥挤感知情景下，其感知控制权力会增加，其行为受空间限制更小，更容易产生积极情绪（如愉悦感、感知技

术乐趣）（Curran et al.，2007），进而促进顾客自身的角色清晰度，并享受其独立参与 SSTs 的成就感与满足感（白琳，2008），导致其独立参与 SSTs 补救的意愿增加。

已有研究表明，情绪调节了环境和行为反应之间的关系（Donovan et al.，1994）。综上所述，本章推断，拥挤感知、时间压力等压力情景因素通过顾客情绪的中介作用对顾客独立参与 SSTs 补救产生影响。因此，本章提出研究假设：

H_{5-3}：顾客情绪在拥挤感知与时间压力影响顾客独立参与 SSTs 补救的过程中起中介作用。

5.2.4　顾客独立参与 SSTs 补救与补救后顾客满意

研究表明，服务补救后顾客满意比服务结果满意对顾客的影响更大（Spreng et al.，1995）。因此本章探讨顾客独立参与 SSTs 补救对其满意度的影响。

根据顾客学习理论（Dong et al.，2008），顾客参与服务补救的过程可以视为顾客学习的过程（楼尊和林琳，2010）。在 SSTs 失败后，顾客独立参与 SSTs 补救需要顾客在心理、精力等方面投入较多，期间不仅了解和熟悉服务补救的过程和方法，而且也基本习得了服务产品的特点，明确了自己在使用 SSTs 过程中的角色，为以后避免服务失败或进行 SSTs 补救积累了专业知识和技能，更能增加顾客的收获感和满足感，也使其对未来继续使用 SSTs 更有信心（Meuter et al.，2005；楼尊和林琳，2010）。

现有研究也表明，随着顾客参与程度的提高，顾客将更积极地评估自己在服务补救过程中的努力，并对补救结果更加满意（Bendapudi & Leone，2003；Dong et al.，2008）。哈里斯等（Harris et al.，2006）研究还发现，线下服务失败补救对顾客满意度的影响比在线服务失败补救的影响更强烈。董等（Dong et al.，2008）研究也表明，顾客独立参与 SSTs 补救对顾客满意度的影响明显优于在其他顾客帮助下完成服务补救。综上所述，本章推断，顾客独立参与 SSTs 补救会对补救后顾客满意产生正向影响。因此，本章提出如下假设：

H_{5-4}：顾客独立参与 SSTs 补救正向影响补救后顾客满意。

5.2.5 顾客心理韧性的调节效应

心理韧性是指一种决定人如何有效应对各种情境下的挑战、应激源和压力的人格特质（Clough & Strycharczyk，2012）。在 SSTs 失败情境中，顾客心理韧性是指顾客在面对 SSTs 失败压力时的心理承受能力以及应对倾向。有关心理韧性的相关研究表明，在压力情境下有效应对是心理韧性的重要组成部分。

压力应对理论（Lazarus & Folkman，1984）认为，以问题为中心的应对策略包括尝试提出问题解决方案、收集信息、制定行动计划并实施，而以情绪为中心的应对策略包括寻求情感的社会支持、疏远、逃避（或回避），注重情景的积极方面以及自我责备。学者们研究了心理韧性与应对方式的影响关系。尼科尔斯等（Nicholls et al.，2007）研究表明，心理韧性显著影响个体的应对策略选择。具体而言，高心理韧性个体更可能采取以问题为中心的应对策略（如付出努力），以便减少或消除面临的压力；他们较少采取以情绪为中心（或回避型）的应对策略（如疏远、回避等）。凯泽尔斯（Kasseler et al.，2009）研究也表明，较高的心理韧性更多与以问题为中心的应对策略有关，而较少与以情感为中心和回避应对策略有关。因此，本章推断，在遭遇 SSTs 失败发生后，高心理韧性的顾客更可能采取积极应对（如付出努力、解决问题），而低心理韧性的顾客更可能采取消极应对（如回避）。

克拉夫和斯特里查奇克（Clough & Strycharczyk，2012）将心理韧性的维度划分为控制、承诺、挑战和自信 4 个维度。其中，高挑战性的个体往往会视挑战为机遇，主动寻求挑战；而低挑战性的个体则往往会尽量逃避挑战，以此来避免失败、恐惧或者付出努力。对于具有不同心理韧性的顾客而言，由于其面对 SSTs 失败压力情景的控制、承诺、挑战和自信的程度存在差异，这就使得其对情绪的感知和反应程度上存在差异。具体而言，

对于高心理韧性的顾客而言，他们对 SSTs 失败压力事件的控制感、承诺性、自信程度及迎接挑战的意愿更强，一旦他们感知到积极情绪，其角色清晰度会更高，更有可能采取以问题为中心的应对策略（例如，付出努力），从而产生更强的独立参与 SSTs 补救的意愿。相反，对于低心理韧性的顾客而言，他们对 SSTs 失败事件的控制力、服务补救承诺性、参与补救自信程度及迎接挑战的意愿更低。这时顾客情绪（无论积极情绪还是消极情绪）对其独立参与 SSTs 补救意愿可能不存在显著影响。也就是说，无论顾客情绪是积极的还是消极的，顾客对 SSTs 失败事件的控制力、服务补救承诺性、参与服务补救的自信程度和意愿都不高，顾客通常都更可能采取消极应对策略（例如，疏远、回避），顾客情绪对顾客独立参与 SSTs 补救意愿的影响不存在显著差异。

综上所述，本章推断，顾客心理韧性在顾客情绪与顾客独立参与 SSTs 补救的关系中起调节作用。因此，本章提出研究假设：

H_{5-5}：顾客心理韧性在顾客情绪对顾客独立参与 SSTs 补救影响过程中起调节作用。具体来说，在高顾客心理韧性下，顾客情绪正向影响顾客独立参与 SSTs 补救；而在低顾客心理韧性下，顾客情绪对顾客独立参与 SSTs 补救的影响不显著。

5.3 实验 4：拥挤感知对顾客情绪的影响

实验 4 主要目的是考察拥挤感知对顾客情绪的影响，即检验所提出假设 H_{5-1}。

5.3.1 实验设计

1. 实验材料设计

实验 4 采用单因素（拥挤感知：低拥挤感知 vs. 高拥挤感知）组间设

计。因此，实验4的关键是设计一个能够操控拥挤感知的场景，在该场景中，一部分顾客将面临高拥挤感知的SSTs使用场景，而另一部分顾客将面临低拥挤感知的SSTs使用场景。

根据前期深度访谈结果及实验2的实验材料，实验4选择“超市自助收银机”作为实验情景。在与服务营销管理领域1名教授（博士）和1名副教授（博士）组成的专家小组讨论后，确定本实验的实验情景材料（见附录2-4）。

本章将高拥挤感知并遭遇SSTs失败的实验场景描述为“请你想象一下，这个周末你到学校附近的一家超市购物。你选购好商品后使用自助收银机进行结账。你按照操作提示，逐一扫描完商品后，收银机界面提示你扫码完成支付。正当你准备扫码支付时，你突然发现还没有购买购物袋，扫描完的商品无法打包带走，你在收银机界面上没有找到购买购物袋的按钮或提示。此时，你注意到你身后出现了越来越多的顾客排队等待使用自助收银机结账”。

本章将低拥挤感知并遭遇SSTs失败的实验场景描述为“请你想象一下，这个周末你到学校附近的一家超市购物。你选购好商品后使用自助收银机进行结账。你按照操作提示，逐一扫描完商品后，收银机界面提示你扫码完成支付。正当你准备扫码支付时，你突然发现还没有购买购物袋，扫描完的商品无法打包带走，你在收银机界面上没有找到购买购物袋的按钮或提示。此时，你注意到你周围没有其他顾客等待使用自助收银机结账”。

2. 实验程序

实验4通过问卷调查的形式来收集数据。首先，参与者被随机分配到高拥挤感知组或者低拥挤感知组的其中一组。其次，要求实验参与者将自己设想为材料中的主人公，阅读实验情景材料。再次，要求参与者根据自己阅读的情景材料，填写完成关于对拥挤感知的操控检验的3个题项、顾客情绪测量的11个题项。最后，还要求参与者回答性别、年龄等人口统计信息。在完成实验后，每位参与者都将获得一份价值4元的礼品作为报酬。

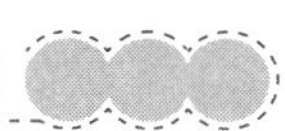

3. 实验参与者

实验 4 是通过武汉某综合性高校管理学院团委微信公众号及营销管理系微信公众号平台招募参与者在线报名，这些同学均为自愿参加本次实验。要求参与者没有参与过之前的所有“自助服务”相关实验（通过参与者的姓名和学号与之前的实验参与者名单进行比较、筛查）。

实验 4 于 2020 年 9 月 12 日进行，本次实验共招募到 108 名参与者，剔除回答不完整和不合格的问卷后，实际参与者为 101 名，其中，男生 53 名（52.5%），女生 48 名（47.5%）；年龄均在 18 ~25 岁。舒华和张亚旭（2008）指出，心理学实验中每组有 20 ~30 名参与者即可获得显著效果。实验 4 中低拥挤感知组的参与者为 51 人，高拥挤感知组的参与者为 50 人，符合要求。为鼓励参与者认真填写问卷，在实验开始前，每位参与者都获得一份价值 4 元的礼品作为报酬。

5.3.2　变量测量

本实验使用的所有题项均采用 5 级李克特量表，“1” 代表 “完全不同意”，“5” 代表 “完全同意”。

1. 拥挤感知量表

本章对拥挤感知的测量量表是根据哈雷尔等（Harrell et al.，1980）和盖尔布里希和萨特勒（Gelbrich & Sattler，2014）的测量量表改编而成，共有 3 个测量题项（见表 5 –1）。

表 5 –1　拥挤感知量表

变量	题项
拥挤感知	这家超市非常繁忙
	在我购物期间这家超市有非常多的顾客
	在我购物过程中这家超市非常拥挤

2. 顾客情绪量表

本章对顾客情绪的测量量表是根据罗伯特和约翰（Robert & John，1982）、梅塔（Mehta，2013）的测量量表改编而成，共有11个题项（见表5－2）。

表5－2　顾客情绪量表

变量	题项
积极情绪	在这种情形下，我感觉到快乐
	在这种情形下，我感觉到满意
	在这种情形下，我感觉到自信
	在这种情形下，我感觉到放松
	在这种情形下，我感觉到满足
	在这种情形下，我感觉到重要
消极情绪	在这种情形下，我感觉到紧张
	在这种情形下，我感觉到愤怒
	在这种情形下，我感觉到沮丧
	在这种情形下，我感觉到匆忙
	在这种情形下，我感觉到焦急

5.3.3　信度、效度检验

为了检验本章量表的内部一致性信度，进行可靠性分析。分析结果显示，拥挤感知的Cronbach's α系数为0.823；顾客情绪的Cronbach's α系数为0.768。Cronbach's α系数均大于0.700的标准，说明本章所用量表均有良好的信度。

采用SPSS 22.0进行探索性因子分析，提取出两个初始特征值大于1的公因子，分别是拥挤感知和顾客情绪，测项的因子载荷均在0.50以上。运用AMOS 24.0进行验证性因子分析，拟合度如表5－3所示，所有指标均达到理想结果，说明本章所用量表均有良好的效度。

表 5－3　　验证性因子分析结果

Index	χ^2/df	RMSEA	RMR	CFI	NFI	PNFI
Results	2.890	0.078	0.038	0.913	0.911	0.876

5.3.4　操纵检验

为了考察本实验自变量（即拥挤感知）的操纵是否成功，以拥挤感知为因变量进行操纵检验。单因素方差分析结果（见表 5－4）显示，不同组别的拥挤感知具有显著性差异（$F=5.734$，$p<0.05$）。

表 5－4　　拥挤感知操纵检验分析结果

源	Ⅲ类平方和	自由度	均方	F	显著性
修正模型	5.043	1	5.043	5.734	0.019
截距	1287.014	1	1287.014	1463.223	0.000
拥挤分组	5.043	1	5.043	5.734	0.019
误差	87.078	99	0.880	—	—
总计	1377.667	101	—	—	—
修正后总计	92.121	100	—	—	—

由均值分析结果（见表 5－5 和图 5－2）可知，高拥挤感知组的拥挤感知均值为 3.793，而低拥挤感知组的拥挤感知的均值为 3.346，显著低于前者，说明实验 4 对拥挤感知的操纵有效。

表 5－5　　拥挤感知的操纵检验各组均值

拥挤分组	均值	标准差	个案数（例）
高拥挤感知	3.793	0.886	50
低拥挤感知	3.346	0.987	51
总计	3.568	0.960	101

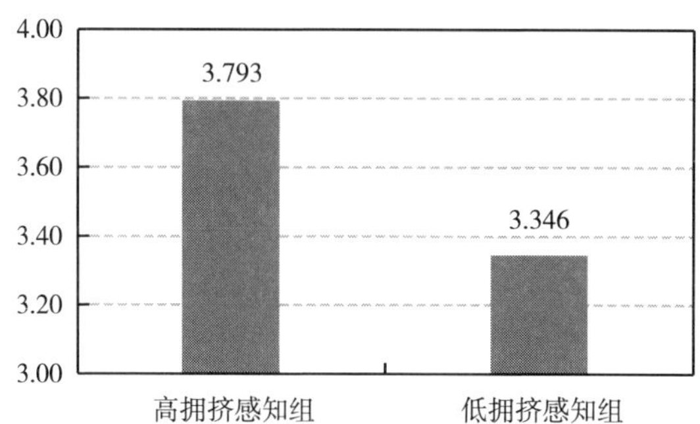

图 5－2　拥挤感知的操纵检验各组均值

5.3.5　假设检验

为了验证假设"H_{5-1}：顾客拥挤感知负向影响顾客情绪"，以顾客情绪为因变量进行单因素方差分析。对消极情绪进行反向计分处理，即顾客情绪分数越高，表示顾客情绪越积极。单因素方差分析结果（见表 5－6）显示，F 值为 6.875，对应的显著性小于 0.05，因此，不同拥挤感知的组别在顾客情绪上具有显著性差异。

表 5－6　　　　　　　　假设验证结果

源	Ⅲ类平方和	自由度	均方	F	显著性
修正模型	2.697	1	2.697	6.875	0.010
截距	956.021	1	956.021	2436.709	0.000
拥挤分组	2.697	1	2.697	6.875	0.010
误差	38.842	99	0.392	—	—
总计	998.660	101	—	—	—
修正后总计	41.539	100	—	—	—

均值比较分析结果（见表 5－7 和图 5－3）显示，高拥挤感知组的顾客情绪均值为 2.913，而低拥挤感知组的顾客情绪均值为 3.240，显著高于高拥挤感知组，因此研究假设 H_{5-1} 得到支持。

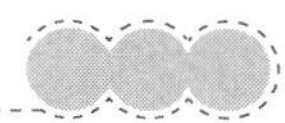

表 5－7　不同拥挤感知组的顾客情绪均值比较

拥挤分组	均值	标准差	个案数（例）
高拥挤感知	2.913	0.734	50
低拥挤感知	3.240	0.499	51
总计	3.078	0.645	101

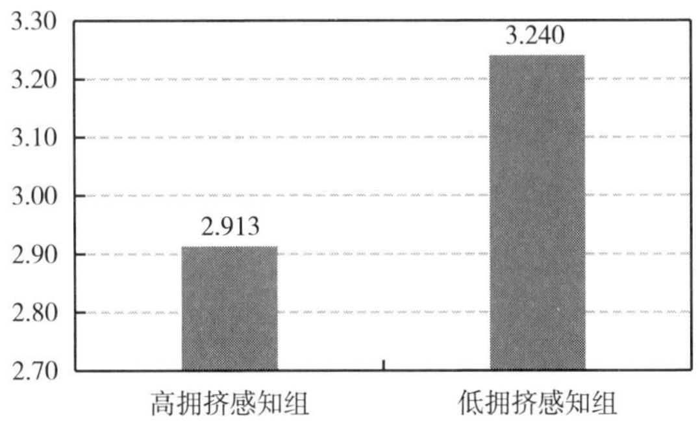

图 5－3　不同拥挤感知组别的顾客情绪均值

最后，为了检验性别、年龄是否会对本实验结论产生影响，将它们作为控制变量纳入方差分析中，分析结果（见表 5－8）表明，性别、年龄对顾客情绪均无显著影响（$p > 0.05$）。在纳入了控制变量之后，本实验的研究结论保持不变，即拥挤感知负向影响顾客情绪。

表 5－8　纳入控制变量之后假设验证结果

源	Ⅲ类平方和	自由度	均方	F	显著性
修正模型	3.142	3	1.047	2.645	0.053
截距	16.917	1	16.917	42.736	0.000
性别	0.010	1	0.010	0.025	0.875
年龄	0.397	1	0.397	1.003	0.319
拥挤分组	3.110	1	3.110	7.855	0.006
误差	38.398	97	0.396	—	—
总计	998.660	101	—	—	—
修正后总计	41.539	100	—	—	—

5.3.6 研究结论

实验4的结果验证了研究假设 H_{5-1}，即顾客拥挤感知负向影响顾客情绪。现有关于拥挤感知的研究主要聚焦于传统零售情景，往往忽略对SSTs失败使用及失败情景中顾客拥挤感知对顾客情绪的影响研究。本章研究结果表明，在SSTs失败情景中，高拥挤感知会导致顾客消极情绪，而低拥挤感知会导致顾客积极情绪。这再次验证了拥挤感知对顾客情绪的影响关系，也是将拥挤感知的研究拓展到SSTs使用及失败情景中的有益探索。

5.4 实验5：时间压力的调节效应

实验5的主要目的是考察时间压力在拥挤感知对顾客情绪影响的调节效应，即检验所提出假设 H_{5-2}。

5.4.1 实验设计

1. 实验材料设计

实验5采用2（拥挤感知：高 vs. 低）×2（时间压力：高 vs. 低）组间实验设计。因此，实验5的关键是设计一个能够操控拥挤感知和时间压力的场景。根据前期深度访谈结果，实验5选择“火车站自助购票取票机”作为实验情景。经过与服务营销管理领域1名教授（博士）和2名副教授（博士）组成的专家小组讨论后，确定本实验的情景材料（见附录2-5）。

本章将顾客遭遇SSTs失败的实验场景统一描述为“请你想象一下，这个周末你准备坐火车回家，你到达火车站后选择自助售票机购票。你按照自助售票机界面的操作流程，选择好你要乘坐的车次，并按照提示扫码完

成支付，这时你突然发现自助售票机界面卡住不动了，无法显示缴费成功，也无法打印出你所购买的车票”。

本章将高（低）时间压力情景描述为“此时离你已经支付完成的车票的火车开车时间还有不到30 分钟（2 个多小时）”；将高拥挤感知情景描述为“你注意到你身后出现了越来越多的顾客排队，等待使用自助售票机购票”；将低拥挤感知情景描述为“你注意到你周围没有其他顾客等待使用自助售票机购票”。

2. 实验过程

实验 5 通过问卷调查的形式来收集数据。首先，参与者被随机分配到 2（拥挤感知：高 vs. 低）×2（时间压力：高 vs. 低）四组的其中一组。其次，要求实验参与者将自己设想为材料中的主人公，阅读实验情景材料。再次，要求参与者根据自己阅读的情景材料，填写完成关于对拥挤感知的操控检验的 3 个题项和时间压力的操控检验的 4 个题项、顾客情绪测量的 11 个题项。最后，还要求参与者回答性别、年龄等人口统计信息。在完成实验后，每位参与者都将获得一份价值 4 元的礼品作为报酬。

3. 实验参与者

实验 5 是通过武汉某综合性高校的校团委微信公众号及管理学院团委公众号平台招募参与者在线报名，这些同学均为自愿参加本次实验。要求参与者没有参与过之前的所有“自助服务”相关实验（通过参与者的姓名和学号与之前的实验参与者名单进行比较、筛查）。

实验 5 于 2020 年 9 月 25 ~ 26 日进行，本次实验共招募到 205 名参与者，剔除掉回答不完整和不合格的问卷后，实际参与者为 193 名，其中，男生 117 名（60.6%），女生 76 名（39.4%）；年龄均在 18 ~ 25 岁。舒华和张亚旭（2008）指出，心理学实验中每组有 20 ~ 30 名参与者即可获得显著效果。实验 5 中每组的参与者最少为 38 人，最多为 57 人，符合要求。为鼓励参与者认真填写问卷，在实验开始前，每位参与者都将获得一份价值 4 元的礼品作为报酬。

5.4.2 变量测量

本实验使用的所有题项均采用5级李克特量表，“1”代表“完全不同意”，“5”代表“完全同意”。

1. 拥挤感知量表

拥挤感知测量量表与实验4一致（见表5－1）。

2. 时间压力量表

本章对时间压力的测量量表是根据盖尔布里希和萨特勒（Gelbrich & Sattler，2014）的测量量表改编而成，具体测量题项共有4个（见表5－9）。

表5－9 时间压力量表

变量	题项
时间压力	我发现自己的时间很紧张
	我很着急
	我只有非常有限的时间去完成我的购票过程
	我没有足够的时间去悠闲地完成我的购票过程

3. 顾客情绪量表

顾客情绪的测量量表与实验4完全一致（见表5－2）。

5.4.3 信度、效度检验

为了检验本章量表的内部一致性信度，进行可靠性分析。分析结果显示，拥挤感知的Cronbach's α系数为0.872；顾客情绪的Cronbach's α系数为0.750；时间压力的Cronbach's α系数为0.785。Cronbach's α系数均大于0.700的标准，说明本章所用量表均有良好的信度。

采用SPSS 22.0进行探索性因子分析，提取出3个初始特征值大于

1 的公因子，分别是拥挤感知、顾客情绪和时间压力，测项的因子载荷均在 0.50 以上。运用 AMOS 24.0 进行验证性因子分析，拟合度如表 5－10 所示，所有指标均达到理想结果，说明本章所用量表均有良好的效度。

表 5－10　　　　验证性因子分析结果

Index	χ^2/df	RMSEA	RMR	CFI	NFI	PNFI
Results	2.820	0.064	0.032	0.989	0.966	0.813

5.4.4 操纵检验

为了考察拥挤感知的操纵是否有效，以拥挤感知为因变量进行双因素方差分析。分析结果（见表 5－11）显示，拥挤感知的主效应显著（$F = 4.412$，$p < 0.05$）；与此同时，时间压力的主效应、拥挤感知与时间压力的交互效应均未达到显著性水平（$p > 0.05$）。

表 5－11　　　　拥挤感知的操纵检验分析

源	Ⅲ类平方和	自由度	均方	F	显著性
修正模型	7.531	3	2.510	2.156	0.095
截距	2015.946	1	2015.946	1731.237	0.000
拥挤分组	5.138	1	5.138	4.412	0.037
时间分组	0.185	1	0.185	0.159	0.691
拥挤分组×时间分组	2.160	1	2.160	1.855	0.175
误差	220.082	189	1.164	—	—
总计	2288.444	193	—	—	—
修正后总计	227.613	192	—	—	—

均值分析结果（见表 5－12）显示，高拥挤感知组的拥挤感知均值为 3.429，低拥挤感知组的拥挤感知均值为 3.102，低于高拥挤感知组参与者所感知到拥挤程度均值，因此实验 5 对拥挤感知的操纵有效。

表 5-12　不同组别的拥挤感知均值

拥挤感知分组	时间压力分组	均值	标准差	个案数(例)
高拥挤感知	低时间压力	3.587	1.097	42
	高时间压力	3.310	0.850	56
	总计	3.429	0.968	98
低拥挤感知	低时间压力	3.041	1.299	57
	高时间压力	3.193	0.994	38
	总计	3.102	1.183	95
总计	低时间压力	3.273	1.241	99
	高时间压力	3.262	0.908	94
	总计	3.268	1.089	193

为了考察时间压力的操纵是否有效，以感知时间压力为因变量进行双因素方差分析。分析结果（见表 5-13）显示，时间压力的主效应显著（$F=37.957$，$p<0.05$）；与此同时，拥挤感知的主效应、拥挤感知与时间压力的交互效应均未达到显著性水平（$p>0.05$）。

表 5-13　时间压力的操纵检验分析

源	Ⅲ类平方和	自由度	均方	F	显著性
修正模型	46.128	3	15.376	14.393	0.000
截距	1293.253	1	1293.253	1210.612	0.000
拥挤分组	0.753	1	0.753	0.705	0.402
时间分组	40.548	1	40.548	37.957	0.000
拥挤分组×时间分组	1.879	1	1.879	1.759	0.186
误差	201.902	189	1.068	—	—
总计	1553.750	193	—	—	—
修正后总计	248.030	192	—	—	—

均值分析结果（见表 5-14）显示，低时间压力组的时间压力均值为 2.139，高时间压力组的时间压力均值为 3.088，高于低时间压力组所感知的时间压力均值，因此实验 5 对时间压力的操纵有效。

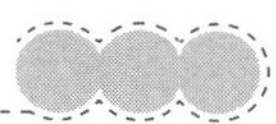

表5－14　　不同组别的感知时间压力程度的均值

拥挤感知分组	时间压力分组	均值	标准差	个案数（例）
高拥挤感知	低时间压力	2.327	1.171	42
	高时间压力	3.058	1.282	56
	总计	2.745	1.282	98
低拥挤感知	低时间压力	2.000	0.484	57
	高时间压力	3.132	1.068	38
	总计	2.453	0.948	95
总计	低时间压力	2.139	0.857	99
	高时间压力	3.088	1.195	94
	总计	2.601	1.137	193

5.4.5　假设验证

为了验证研究假设"H_{5-2}：时间压力在拥挤感知对顾客情绪影响的过程中起调节作用"（即在高时间压力下，拥挤感知对顾客情绪的负向影响作用更为显著），以顾客情绪为因变量进行双因素方差分析。分析结果（见表5－15）显示，拥挤感知的主效应显著（$F=6.884$，$p<0.05$）；与此同时，拥挤感知与时间压力的交互效应也显著（$F=4.600$，$p<0.05$）。

表5－15　　拥挤感知与时间压力对顾客情绪的影响分析

源	Ⅲ类平方和	自由度	均方	F	显著性
修正模型	3.265	3	1.088	3.776	0.012
截距	1710.575	1	1710.575	5936.187	0.000
拥挤分组	1.984	1	1.984	6.884	0.009
时间分组	0.253	1	0.253	0.879	0.350
拥挤分组×时间分组	1.326	1	1.326	4.600	0.033
误差	54.462	189	0.288	—	—
总计	1802.736	193	—	—	—
修正后总计	57.727	192	—	—	—

均值分析结果（见表5－16）显示，在低时间压力下，高拥挤感知组

的均值为2.968，低拥挤感知组的均值为3.006，两者虽然有差距但是不明显；而在高时间压力下，高拥挤感知组的均值为2.874，低拥挤感知组的均值为3.248，两者差距更为明显，本章绘制图如图5－4所示。

表5－16　　　　不同组别的顾客情绪均值

拥挤感知分组	时间压力分组	均值	标准差	个案数（例）
高拥挤感知	低时间压力	2.968	0.517	42
	高时间压力	2.874	0.653	56
	总计	2.914	0.598	98
低拥挤感知	低时间压力	3.006	0.526	57
	高时间压力	3.248	0.353	38
	总计	3.103	0.477	95
总计	低时间压力	2.990	0.520	99
	高时间压力	3.025	0.579	94
	总计	3.007	0.548	193

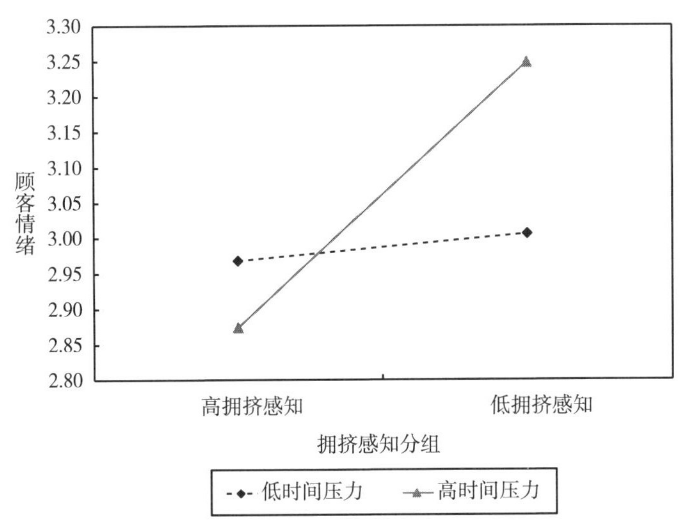

图5－4　不同组别的顾客情绪均值

为进一步比较在高时间压力下拥挤感知对顾客情绪的影响作用，显著性检验结果（见表5－17）显示，F值为6.884，对应的显著性小于0.05，因此在高时间压力下拥挤感知对顾客情绪的影响显著。

表 5-17　　高时间压力下拥挤感知对顾客情绪的影响作用

	平方和	自由度	均方	F	显著性
对比	1.984	1	1.984	6.884	0.009
误差	54.462	189	0.288	—	—

为进一步比较在低时间压力下拥挤感知对顾客情绪的影响作用，显著性检验结果（见表 5-18）显示，F 值为 0.879，对应的显著性大于 0.05，因此在低时间压力下拥挤感知对顾客情绪的影响不显著。

表 5-18　　低时间压力下拥挤感知对顾客情绪的影响作用

	平方和	自由度	均方	F	显著性
对比	0.253	1	0.253	0.879	0.350
误差	54.462	189	0.288	—	—

因此，时间压力调节了拥挤感知对顾客情绪的影响。在高时间压力下，拥挤感知对顾客情绪的负向影响作用更为显著，即研究假设 H_{5-2}得到支持。

在纳入性别、年龄作为控制变量之后，方差分析结果（见表 5-19）显示，拥挤感知的主效应显著（$F=7.156$，$p<0.05$），拥挤感知与时间压力对顾客情绪的交互效应也显著（$F=4.279$，$p<0.05$），说明控制变量并未改变实验结论，排除了控制变量对实验结论影响的可能性。

表 5-19　　纳入控制变量后拥挤感知与时间压力对顾客情绪的影响分析结果

源	Ⅲ类平方和	自由度	均方	F	显著性
修正模型	3.783	5	0.757	2.623	0.026
截距	15.874	1	15.874	55.028	0.000
性别	0.212	1	0.212	0.737	0.392
年龄	0.350	1	0.350	1.214	0.272
拥挤分组	2.064	1	2.064	7.156	0.008
时间分组	0.330	1	0.330	1.144	0.286
拥挤分组×时间分组	1.234	1	1.234	4.279	0.040
误差	53.943	187	0.288	—	—
总计	1802.736	193	—	—	—
修正后总计	57.727	192	—	—	—

5.4.6　研究结论

实验5的结果验证了时间压力调节了拥挤感知对顾客情绪的影响关系。即在高时间压力水平下，相比于低拥挤感知，高拥挤感知对顾客情绪的影响更强；相反，在低时间压力水平下，相比于低拥挤感知，高拥挤感知对顾客情绪的影响更弱。这说明，拥挤感知与时间压力的交互作用的确会对SSTs使用及失败过程中的顾客情绪产生影响。

5.5　实验6：中介效应及调节效应

实验6的主要目的是考察顾客情绪在拥挤感知对顾客独立参与SSTs补救影响的中介效应，顾客独立参与SSTs补救对补救后顾客满意的影响，及顾客心理韧性在顾客情绪对顾客独立参与SSTs补救影响的调节效应，即检验所提出假设H_{5-3}、H_{5-4}和H_{5-5}，并且再次检验假设H_{5-2}。

5.5.1　实验设计

1. 实验材料设计

实验6采用2（拥挤感知：高 vs. 低）×2（时间压力：高 vs. 低）组间实验设计。因此，实验6需要设计同时能够操控拥挤感知和时间压力的SSTs使用失败场景的实验材料。

根据前期深度访谈结果，综合考虑大学生日常消费习惯及熟悉度，本章最终选取“电影院自助购票机”为实验6的情景。在参考科利尔（Collier，2017）的实验情景材料的基础上，经过与服务营销管理领域1名教授（博士）和2名副教授（博士）组成的专家小组讨论后，确定本实验的情景材料（见附录2-6）。

本章将顾客遭遇 SSTs 失败的实验场景统一描述为“请你想象一下，你准备周五晚上去外面吃饭，吃完饭后再去看一部刚上映的电影。你决定在吃晚饭前去买电影票，以保证能买到你想要的观影位置。在电影院，你使用自助售票机购买电影票。在找到你要看的电影和场次后，自助售票机跳转到支付页面。你扫描二维码完成支付，但在自助售票机出票之前，自助售票机界面突然冻结，无法打印电影票”。

本章将高拥挤感知实验场景描述为“你身后出现了越来越多的顾客排队，等待使用自助售票机购票”，而低拥挤感知实验场景描述为“你周围没有其他顾客等待使用自助售票机购票”。

本章将高时间压力实验场景描述为“你购买了即将场次上映的电影票，而不是你所需时间的电影票。电影院规定：电影开始上映后不允许退票”。低时间压力实验场景描述为“现在离你购买的电影票的放映时间还有两个多小时”。

2. 实验程序

实验 6 通过问卷调查的形式来收集数据。首先，参与者被随机分配到 4 个不同的实验情景中的一组。其次，要求实验参与者将自己设想为材料中的主人公，阅读实验的情景文字材料。再次，参与者根据自己阅读的情景材料，对场景中拥挤感知和时间压力的操控变量进行检查，再完成有关顾客情绪、顾客独立参与 SSTs 补救、顾客心理韧性、补救后顾客满意度的测量量表。最后，还要求参与者回答性别、年龄等人口统计信息。在完成实验后，每位参与者都将获得一份价值 4 元的礼品作为报酬。

3. 实验参与者

实验 6 是通过武汉某综合性高校的校团委微信公众号及管理学院团委公众号平台招募参与者在线报名，这些同学均为自愿参加本次实验。要求参与者没有参与过之前的所有“自助服务”相关实验（通过参与者的姓名和学号与之前的实验参与者名单进行比较、筛查)。

实验 6 于 2020 年 12 月 13 ~ 14 日进行，本次实验共招募到 217 名参与者，剔除掉回答不完整和不合格的问卷后，实际参与者为 208 名，其中，男生 127 名（61.1%），女生 81 名（38.9%）；年龄均在 18 ~ 27 岁。舒华和张亚旭（2008）指出，心理学实验中每组有 20 ~ 30 名参与者即可获得显著效果。实验 5 中每组的参与者最少为 44 人，最多为 57 人，符合要求。为鼓励参与者认真参与问卷填写，在实验开始前，每位参与者都将获得一份价值 4 元的礼品作为报酬。

5.5.2 变量测量

本实验使用的所有题项均采用 5 级李克特量表，“1”代表“完全不同意”，“5”代表“完全同意”。

1. 拥挤感知量表

拥挤感知的测量量表与实验 4 一致（见表 5 - 1），结合实验 6 的情景进行了调整。

2. 时间压力量表

时间压力的测量量表与实验 4 一致（见表 5 - 9），结合实验 6 的情景进行了调整。

3. 顾客情绪量表

顾客情绪的测量量表与实验 4 一致（见表 5 - 2）。

4. 顾客独立参与 SSTs 补救量表

基于陈可和涂平（2014）、朱等（Zhu et al.，2013）的研究，本章对顾客独立参与 SSTs 补救的测量使用了以下 3 个题项（见表 5 - 20）。

表 5 - 20　　顾客独立参与 SSTs 补救量表

变量	题项
顾客独立参与 SSTs 补救	如果我尝试自行补救，我会在没有公司员工帮助的情况下成功解决问题
	如果我尝试自行补救，我能控制解决问题的过程
	如果我尝试自行补救，我会找到解决问题的方法

5. 顾客心理韧性量表

本章对顾客心理韧性的测量量表是根据康纳和戴维森（Connor & Davidson, 2003）的量表改编而成，具体测量题项共有 11 个（见表 5 - 21）。

表 5 - 21　　顾客心理韧性量表

变量	题项
顾客心理韧性	我可以处理任何事情
	过去的成功会为我接受新的挑战提供信心
	我有较强的应对压力的能力
	无论如何我都会尽最大努力
	当事情看起来毫无希望时，我不会放弃
	在压力之下，我会集中注意力并思考清楚
	我不容易因失败而气馁
	我将自己视为坚强的人
	我可以处理不愉快的感受
	我喜欢挑战
	我会努力实现目标

6. 补救后顾客满意量表

本章对补救后顾客满意测量量表是根据费雷拉等（Ferreira et al., 2017）改编而成，具体测量题项共有 4 个（见表 5 - 22）。

表 5-22 补救后顾客满意量表

变量	题项
补救后顾客满意	我很乐意在这家电影院看电影
	我对这家电影院的观影体验感到满意
	有了选择，我可能不会回到这家电影院
	我会向其他人推荐这家电影院

5.5.3 信度、效度检验

为了检验本章量表的内部一致性信度，进行可靠性分析。分析结果显示，拥挤感知的 Cronbach's α 系数为 0.776；顾客情绪的 Cronbach's α 系数为 0.845；时间压力的 Cronbach's α 系数为 0.864；独立参与意愿的 Cronbach's α 系数为 0.852；心理韧性的 Cronbach's α 系数为 0.821；补救后满意度的 Cronbach's α 系数为 0.712。Cronbach's α 系数均大于 0.700，本章量表均有良好的信度。

采用 SPSS 22.0 进行探索性因子分析，提取出 6 个初始特征值大于 1 的公因子，分别是拥挤感知、顾客情绪、时间压力、独立参与意愿、满意度和心理韧性，测项的因子载荷均在 0.50 以上。运用 AMOS 24.0 进行验证性因子分析，拟合度如表 5-23 所示，所有指标均达到理想结果，说明本章的量表均有良好的效度。

表 5-23 验证性因子分析结果

Index	χ^2/df	RMSEA	RMR	CFI	NFI	PNFI
Results	2.750	0.062	0.035	0.927	0.954	0.723

5.5.4 操纵检验

以拥挤感知程度为因变量，进行操纵检验。双因素方差分析结果（见表 5-24）显示，拥挤感知的主效应显著（$F=4.835$，$p<0.05$），而时间压力的主效应、拥挤感知与时间压力对拥挤感知的交互效应未达到显著性

水平（$p>0.05$）。

表 5-24　　拥挤感知的操纵检验分析结果

源	Ⅲ类平方和	自由度	均方	F	显著性
修正模型	6.022	3	2.007	1.632	0.183
截距	2296.402	1	2296.402	1867.403	0.000
拥挤分组	5.945	1	5.945	4.835	0.029
时间分组	0.007	1	0.007	0.005	0.942
拥挤分组×时间分组	0.001	1	0.001	0.001	0.975
误差	250.865	204	1.230	—	—
总计	2572.444	208	—	—	—
修正后总计	256.887	207	—	—	—

均值分析结果（见表 5-25）显示，高拥挤感知组的均值为 3.512，而低拥挤感知组的均值为 3.171，显著低于高拥挤感知组的均值，因此实验 6 对拥挤感知的操纵有效。

表 5-25　　不同组别的拥挤感知均值

拥挤感知分组	时间压力分组	均值	标准差	个案数（例）
高拥挤感知	低时间压力	3.509	1.102	57
	高时间压力	3.515	0.930	44
	总计	3.512	1.026	101
低拥挤感知	低时间压力	3.164	1.268	57
	高时间压力	3.180	1.065	50
	总计	3.171	1.172	107
总计	低时间压力	3.336	1.195	114
	高时间压力	3.337	1.013	94
	总计	3.337	1.114	208

以时间压力程度为因变量，进行操纵检验。分析结果（见表 5-26）显示，时间压力的主效应显著（$F=145.725$，$p<0.05$），而拥挤感知的主效应、拥挤感知与时间压力对拥挤感知的交互效应未达到显著性水平（$p>0.05$）。

表 5-26　　时间压力的操纵检验结果

源	Ⅲ类平方和	自由度	均方	F	显著性
修正模型	100.937	3	33.646	49.291	0.000
截距	2213.526	1	2213.526	3242.850	0.000
拥挤分组	0.727	1	0.727	1.065	0.303
时间分组	99.470	1	99.470	145.725	0.000
拥挤分组×时间分组	0.140	1	0.140	0.205	0.652
误差	139.248	204	0.683	—	—
总计	2390.313	208	—	—	—
修正后总计	240.185	207	—	—	—

均值分析结果（见表 5-27）显示，低时间压力组均值为 2.586，高时间压力组的均值为 3.979，显著高于低时间压力组均值，时间压力操纵有效。

表 5-27　　不同组别的时间压力均值

拥挤感知分组	时间压力分组	均值	标准差	个案数（例）
高拥挤感知	低时间压力	2.500	0.998	57
	高时间压力	3.943	0.417	44
	总计	3.129	1.072	101
低拥挤感知	低时间压力	2.671	1.103	57
	高时间压力	4.010	0.401	50
	总计	3.297	1.081	107
总计	低时间压力	2.586	1.051	114
	高时间压力	3.979	0.408	94
	总计	3.215	1.077	208

5.5.5　假设检验

1. 假设 H_{5-2} 检验

为了再次假设检验“H_{5-2}：时间压力在拥挤感知对顾客情绪影响的过程中起调节作用（具体而言，在高时间压力下，拥挤感知对顾客情绪的影

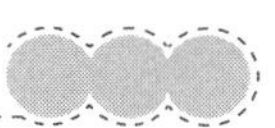

响更为显著；在低时间压力下，拥挤感知对顾客情绪的影响不显著）"，以顾客情绪为因变量，进行双因素方差分析。分析结果（见表 5－28）显示，拥挤感知的主效应显著（$F=9.810$，$p<0.05$）；与此同时，拥挤感知与时间压力对顾客情绪的交互影响达到显著性水平（$F=7.174$，$p<0.05$）。

表 5－28　　拥挤感知与时间压力对顾客情绪的影响分析

源	Ⅲ类平方和	自由度	均方	F	显著性
修正模型	4.582	3	1.527	5.407	0.001
截距	1889.526	1	1889.526	6688.437	0.000
拥挤分组	2.771	1	2.771	9.810	0.002
时间分组	0.127	1	0.127	0.450	0.503
拥挤分组×时间分组	2.027	1	2.027	7.174	0.008
误差	57.631	204	0.283	—	—
总计	1978.472	208	—	—	—
修正后总计	62.214	207	—	—	—

均值分析结果（见表 5－29）显示，在低时间压力下，高拥挤感知组的顾客情绪均值为 2.990，低拥挤感知组的顾客情绪均值为 3.023，两者虽然有差距但是不明显；而在高时间压力下，高拥挤感知组的顾客情绪均值为 2.841，低拥挤感知组的顾客情绪均值为 3.272，两者差距更为明显。本章绘制图如图 5－5 所示。

表 5－29　　不同组别的顾客情绪均值

拥挤感知分组	时间压力分组	均值	标准差	个案数（例）
高拥挤感知	低时间压力	2.990	0.572	57
	高时间压力	2.841	0.617	44
	总计	2.925	0.594	101
低拥挤感知	低时间压力	3.023	0.522	57
	高时间压力	3.272	0.396	50
	总计	3.140	0.481	107
总计	低时间压力	3.007	0.545	114
	高时间压力	3.070	0.553	94
	总计	3.035	0.548	208

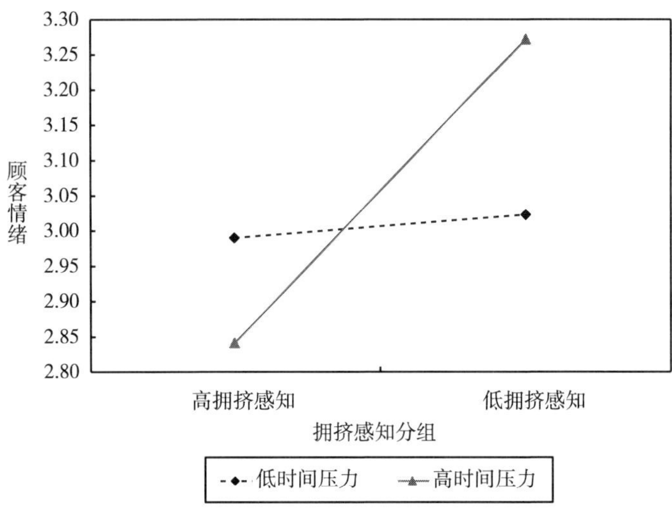

图 5－5　不同组别的顾客情绪均值

为进一步比较在高时间压力下拥挤感知对顾客情绪的影响作用，显著性检验结果（见表 5－30）显示，F 值为 9.810，对应的显著性小于 0.05，因此在高时间压力下拥挤感知对顾客情绪的影响显著。

表 5－30　　高时间压力下拥挤感知对顾客情绪的影响作用

项目	平方和	自由度	均方	F	显著性
对比	2.771	1	2.771	9.810	0.002
误差	57.631	204	0.283	—	—

为进一步比较在低时间压力下拥挤感知对顾客情绪的影响作用，显著性检验结果（见表 5－31）显示，F 值为 0.450，对应的显著性大于 0.05，因此在低时间压力下拥挤感知对顾客情绪的影响不显著。因此，时间压力调节了拥挤感知对顾客情绪的影响。即在高时间压力下，拥挤感知对顾客情绪的负向影响作用更为显著；而在低时间压力下，拥挤感知对顾客情绪的影响不显著。即假设 H_{5-2} 得到支持。

表 5－31　　低时间压力下拥挤感知对顾客情绪的影响作用

项目	平方和	自由度	均方	F	显著性
对比	0.127	1	0.127	0.450	0.503
误差	57.631	204	0.283	—	—

在纳入性别、年龄作为控制变量之后，方差分析结果（见表 5－32）显示，拥挤感知的主效应显著（$F = 10.346$，$p < 0.05$），拥挤感知与时间压力对顾客情绪的交互效应也显著（$F = 6.610$，$p < 0.05$），说明控制变量并未改变实验结论，排除了控制变量对实验结论的影响可能性。

表 5－32　纳入控制变量后拥挤感知与时间压力对顾客情绪的影响分析结果

源	Ⅲ类平方和	自由度	均方	F	显著性
修正模型	5.217	5	1.043	3.698	0.003
截距	17.435	1	17.435	61.790	0.000
性别	0.214	1	0.214	0.758	0.385
年龄	0.477	1	0.477	1.692	0.195
拥挤分组	2.919	1	2.919	10.346	0.002
时间分组	0.215	1	0.215	0.761	0.384
拥挤分组×时间分组	1.865	1	1.865	6.610	0.011
误差	56.997	202	0.282	—	—
总计	1978.472	208	—	—	—
修正后总计	62.214	207	—	—	—

2. 假设 H_{5-3} 检验

为了验证假设“H_{5-3}：顾客情绪在拥挤感知与时间压力影响顾客独立参与 SSTs 补救的过程中起中介作用”，先后验证拥挤感知对顾客情绪的影响、顾客情绪对顾客独立参与 SSTs 补救的影响，以及顾客情绪的中介效应。

首先，拥挤感知对顾客情绪的影响，进行因素方差分析结果（见表 5－33）显示，F 值为 8.231，对应的显著性小于 0.05，说明不同拥挤组别的顾客情绪具有显著性差异。

表 5－33　拥挤感知对顾客情绪的影响分析

源	Ⅲ类平方和	自由度	均方	F	显著性
修正模型	2.390	1	2.39	8.231	0.005
截距	1910.763	1	1910.763	6579.659	0.000
拥挤分组	2.390	1	2.39	8.231	0.002

续表

源	Ⅲ类平方和	自由度	均方	F	显著性
误差	59.823	206	0.29	—	—
总计	1978.472	208	—	—	—
修正后总计	62.214	207	—	—	—

均值分析结果（见表5－34）显示，高拥挤感知组的顾客情绪的均值为2.925，而低拥挤感知组的顾客情绪的均值为3.139，显著高于高拥挤感知组顾客情绪的均值，因此，拥挤感知对顾客情绪具有负向影响。

表5－34　　　　不同拥挤感知组别的顾客情绪均值

拥挤感知分组	均值	标准差	个案数（例）
高拥挤感知	2.925	0.59378	101
低拥挤感知	3.139	0.48141	107
总计	3.0353	0.54822	208

其次，验证顾客情绪对顾客独立参与SSTs补救的影响。以顾客情绪为自变量，顾客独立参与SSTs补救为因变量，进行回归分析。分析结果（见表5－35）显示，顾客情绪对顾客独立参与SSTs补救的回归系数为0.664，对应的显著性小于0.05，因此，顾客情绪对顾客独立参与SSTs补救具有积极的影响作用。

表5－35　　　　顾客情绪对独立参与SSTs服务失败补救的影响

模型	未标准化系数		标准化系数	t	显著性
	B	标准差	Beta		
常量	1.389	0.388	—	3.583	0.000
顾客情绪	0.664	0.126	0.346	5.286	0.000

最后，参考普里彻和海耶斯（Preacher & Hayes，2004）的Bootstrapping方法，采用PROCESS程序对顾客情绪发挥的中介效应进行检验。设定重复抽取Bootstrapping样本量为5000个，选择取样方法为偏差校正的非参数百分位法。分析结果（见表5－36）显示，顾客情绪在拥挤感知与时间

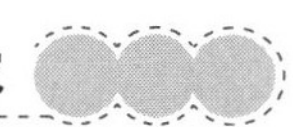

压力对参与SSTs补救的影响中的中介效应显著（中介效应量=0.245，SE=0.110，95%CI［0.062，0.491］，不包含0）。

表5-36　　顾客情绪的中介效应分析

Index	BootSE	BootLLCI	BootULCI
0.245	0.110	0.062	0.491

如表5-37所示，在低时间压力下，顾客情绪的中介效应不成立（中介效应量=0.021，SE=0.066，95%CI［-0.108，0.1525］，包含0）；而在高时间压力下，顾客情绪的中介效应显著（中介效应量=0.266，SE=0.093，95%CI［0.109，0.473］，不包含0）。

表5-37　　不同时间压力下顾客情绪的中介效应

时间分组	Effect	BootSE	BootLLCI	BootULCI
低时间压力	0.021	0.066	-0.108	0.153
高时间压力	0.266	0.093	0.109	0.473

如表5-38所示，在控制了中介变量（顾客情绪）之后，自变量（拥挤感知）对因变量（顾客独立参与SSTs补救）的直接作用变得不再显著（在低时间压力下，中介效应量=0.166，SE=0.185，95%CI［-0.199，0.531］；在高时间压力下，中介效应量=0.324，SE=0.212，95%CI［-0.094，0.741］，不包含0）。

表5-38　　控制中介变量之后自变量对因变量的直接作用

时间分组	Effect	se	t	p	LLCI	ULCI
低时间压力	0.166	0.185	0.899	0.370	-0.199	0.531
高时间压力	0.324	0.212	1.529	0.128	-0.094	0.741

因此，顾客情绪在拥挤感知与时间压力影响顾客独立参与SSTs补救的过程中起中介作用，且是完全中介效应，故研究假设H_{5-3}得到支持。

3. 假设H_{5-4}检验

为了验证假设“H_{5-4}：顾客独立参与SSTs补救正向影响补救后顾客满

意”，以顾客独立参与意愿为自变量，以补救后顾客满意为因变量进行回归分析。分析结果（见表5－39）显示，顾客独立参与意愿对补救后顾客满意的影响不显著（$p>0.05$），故H_{5-4}没有得到支持。

表5－39　顾客独立参与SSTs补救意愿对补救后顾客满意的影响分析

模型	未标准化系数		标准化系数	t	显著性
	B	标准差	Beta		
常量	3.106	0.232	—	13.372	0.000
独立参与	0.057	0.065	0.06	0.867	0.387

注：因变量：补救后顾客满意。

4. 假设H_{5-5}检验

为了验证研究假设“H_{5-5}：顾客心理韧性在顾客情绪对顾客独立参与SSTs补救影响过程中起调节作用”，采用PROCESS程序进行分析。分析结果（见表5－40）显示，自变量顾客情绪与调节变量心理韧性的交互效应达到显著性水平（$p<0.05$）。

表5－40　顾客情绪与心理韧性的交互效应

	R2-chng	F	df1	df2	p
顾客情绪×心理韧性	0.035	8.546	1.000	204.000	0.004

与此同时，为了验证以下两个子研究假设：H_{5-5a}：在高顾客心理韧性下，顾客情绪正向影响顾客独立参与SSTs补救。即在高顾客心理韧性下，相比于低顾客情绪，高顾客情绪顾客独立参与SSTs补救意愿更强；H_{5-5b}：在低顾客心理韧性下，顾客情绪对顾客独立参与SSTs补救影响不显著。本书分别分析在低心理韧性与高心理韧性时，低顾客情绪对顾客独立参与SSTs补救意愿的影响。

由表5－41可知，当顾客具有较低的心理韧性时，顾客情绪对独立参与SSTs补救意愿的影响不显著（效应量＝0.310，SE＝0.173，95% CI [－0.031，0.652]，包含0）；当顾客具有较高的心理韧性时，顾客情绪对独立参与SSTs补救意愿的影响显著（效应量＝1.033，SE＝0.176，95% CI [0.685，1.381]，不包含0），因此，研究假设H_{5-5a}和H_{5-5b}得到支持。

表 5-41　不同心理韧性条件下顾客情绪对独立参与 SSTs 补救意愿的影响

韧性分组	Effect	se	t	p	LLCI	ULCI
低心理韧性	0.310	0.173	1.792	0.075	-0.031	0.652
高心理韧性	1.033	0.176	5.853	0.000	0.685	1.381

5.5.6　研究结论

实验 6 再次验证了时间压力调节了拥挤感知对顾客情绪的影响关系（即 H_{5-2}得到支持），这说明该研究结论具有较好的外部效度。而且也验证了顾客情绪在拥挤感知与时间压力对顾客独立参与 SSTs 补救的影响过程中起中介作用（即 H_{5-3}得到支持）。顾客心理韧性在顾客情绪对顾客独立参与 SSTs 补救影响过程中起调节作用（即 H_{5-5}得到支持）。但是，研究假设 H_{5-4}没有得到支持，即顾客独立参与 SSTs 补救意愿对补救后顾客满意的影响不显著。

5.6 本章小结

本章以权力接近—抑制理论、心理韧性理论为基础理论，基于“刺激—有机体—反应”(S-O-R）的逻辑框架，构建了拥挤感知和时间压力交互作用（S）对顾客情绪（O）及顾客独立参与 SSTs 补救和补救后顾客满意（R）的影响模型，并考察顾客心理韧性在顾客情绪对顾客独立参与 SSTs 补救影响关系中的调节效应。采用情景模拟实验法进行分析，对研究模型及假设进行验证。

本章结果表明：(1）拥挤感知负向影响顾客情绪。(2）顾客情绪在拥挤感知与时间压力影响顾客独立参与 SSTs 补救的过程中起中介作用。(3）顾客独立参与意愿对补救后顾客满意的影响不显著。(4）时间压力调节拥挤感知对顾客情绪的影响。也就是说，在高时间压力水平下，相比于低拥挤感知，高拥挤感知对顾客情绪的影响更强；相反，在低时间压力水平下，相比于低拥挤感知，高拥挤感知对顾客情绪的影响更弱。（5）顾客心理韧性在顾客情绪对顾客独立参与 SSTs 补救的影响中起调节作用。也就是说，在高顾客心理韧性下，顾客情绪正向影响顾客独立参与 SSTs 补救；而在低顾客心理韧性下，顾客情绪对顾客独立参与 SSTs 补救影响不显著。

第6章

总　结

6.1 研究结论与讨论

本书的目的是在对 SSTs 失败及补救类型进行探索性研究的基础上，考察 SSTs 失败后顾客应对及独立参与 SSTs 补救的影响机制，全面揭示从遭遇 SSTs 失败到独立参与 SSTs 补救的整个服务接触流程中的顾客行为规律，为正在推行及准备推行 SSTs 的企业服务管理实践提供重要的理论支撑和管理启示。

本书主要包括 3 个子研究：（1）研究一（第 3 章）选择在线 SSTs 作为研究对象，采用关键事件技术法，通过调查顾客在使用在线交易性 SSTs 中遇到的服务失败事件和经历，对在线 SSTs 失败及补救类型进行探索性研究。（2）研究二（第 4 章）采用 3 个情景模拟实验设计，检验使用意愿（强迫使用 vs. 自愿使用）对 SSTs 失败后顾客应对的影响机制，同时考察服务失败严重程度的调节效应和 SSTs 失败归因的中介作用。（3）研究三（第 5 章）采用 3 个情景模拟实验设计，检验压力情境因素（拥挤感知和时间压力）对顾客独立参与 SSTs 补救的影响机制，考察顾客情绪的中介效应和顾客心理韧性的调节效应。

本书 3 个子研究的所有研究结果如表 6－1 所示。研究结果表明：（1）在线 SSTs 失败类型按照常见程度可以划分为技术失败、过程失败、设计失败以及顾客导致失败 4 种类型；在线 SSTs 补救类型按照常见程度可

以划分为顾客—企业共同补救、顾客独立补救、无补救行为 3 种类型。（2）使用意愿正向影响 SSTs 失败后顾客应对；控制点归因和稳定性归因中介了二者的关系；SSTs 失败严重程度调节了使用意愿对顾客应对、控制点归因及稳定性归因的影响关系。（3）拥挤感知负向影响顾客情绪；顾客情绪在拥挤感知与时间压力影响顾客独立参与 SSTs 补救的过程中起中介作用；顾客独立参与意愿对补救后顾客满意的影响不显著；时间压力调节了拥挤感知对顾客情绪的影响；顾客心理韧性调节了顾客情绪对顾客独立参与 SSTs 补救的影响。

表 6－1　　研究结果汇总

研究项目	研究主题		研究结果
研究一：在线 SSTs 失败及补救类型	在线 SSTs 失败类型		技术失败、过程失败、设计失败及顾客导致失败
	在线 SSTs 补救类型		共同补救、顾客独立补救、无补救
研究项目	假设	研究假设陈述	检验结果
研究二：SSTs 失败后顾客应对机制	H_{4-1}	使用意愿正向影响顾客应对	支持
	H_{4-2a}	控制点归因在使用意愿与顾客应对之间起到中介效应	支持
	H_{4-2b}	稳定性归因在使用意愿与顾客应对之间起到中介效应	支持
	H_{4-3}	失败严重程度调节使用意愿对顾客应对的影响关系	支持
	H_{4-4}	失败严重程度调节使用意愿对控制点归因的影响关系	支持
	H_{4-5}	失败严重程度调节使用意愿对稳定性归因的影响关系	支持
研究三：顾客独立参与 SSTs 补救机制	H_{5-1}	顾客拥挤感知负向影响顾客情绪	支持
	H_{5-2}	时间压力在拥挤感知对顾客情绪影响的过程中起调节作用	支持
	H_{5-3}	顾客情绪在拥挤感知与时间压力影响顾客独立参与 SSTs 补救的过程中起中介作用	支持
	H_{5-4}	顾客独立参与 SSTs 补救正向影响补救后顾客满意	不支持
	H_{5-5a}	在高顾客心理韧性下，顾客情绪正向影响顾客独立参与 SSTs 补救	支持
	H_{5-5b}	在低顾客心理韧性下，顾客情绪对顾客独立参与 SSTs 补救影响不显著	支持

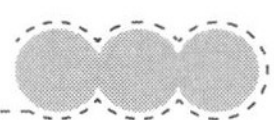

下面就本书的研究发现做进一步的总结和讨论，以明确本书的意义和贡献。

6.1.1 SSTs失败及补救类型研究结论及讨论

1. 在线SSTs失败类型的研究结论及讨论

从常见程度看，本书结果表明，在线SSTs失败类型依次是设计失败、过程失败、顾客导致的失败和技术失败。这与默特等（Meuter et al.，2000）针对在线SSTs失败分类的研究存在明显差异。默特等（Meuter et al.，2000）研究表明，常见的SSTs失败类型依次是技术失败、设计失败、过程失败和顾客导致的失败，而且技术失败比例达43%，远超过其他3类。形成这种研究结论差异的原因可能是因为SSTs迅速发展，使得SSTs系统运行更加稳定。顾客对SSTs的要求也逐渐提高，其关注重点转移到SSTs交互界面设计、服务流程设计以及整个SSTs服务过程中来。

默特等（Meuter et al.，2000）认为，造成顾客导致的SSTs失败比例低（4%）的原因可能是顾客在回忆曾经遇到的服务失败经历时，通常会将服务失败归因为服务提供者或他人，而不愿意承认是由于自己的原因导致服务失败。本研究结果显示，顾客导致的SSTs失败占比12.5%，高于默特等（Meuter et al.，2000）的研究中顾客导致的SSTs失败占比（4%）。这在一定程度上反映出中国顾客更倾向于自我归因，同时也在一定程度上反映出随着SSTs的逐渐成熟，顾客在SSTs失败后的责任归因倾向发生了变化。

学者们还对非在线SSTs失败的类型进行了研究。福布斯（Forbes，2008）研究表明，美国顾客最可能遭遇的3种非在线SSTs失败类型依次是：顾客需求和请求失败（47.1%）、服务交付系统/产品失败（34.4%）、无提示和未经请求的操作（18.5%）。在福布斯（Forbes，2008）的基础上，刘（Liu，2013）研究表明，中国顾客最可能遭遇的非在线SSTs失败类型依次是：服务交付系统/产品失败（80%）、顾客需求和请求失败（18%）、无提示和未经请求的操作（2%）。这与本书针对在线SSTs失败的分类存在一定差异，中国顾客对在线 SSTs 的设计失败更为关注，其次才是过程失败（即服务交付系统失败），而且顾客导致的失败也占到了12.5%［该类失败在福布斯（Forbes，2008）和刘（Liu，2013）的研究中均未出现］。这进一步证明，非在线 SSTs 失败类型和在线 SSTs 失败类型的确存在差异。

2. 在线 SSTs 补救类型的研究结论及讨论

从常见程度看，在线 SSTs 补救的类型依次是顾客独立补救、无补救行为和顾客—企业共同补救。本书从参与服务补救的不同主体视角对 SSTs 补救分类进行实证研究，有别于人际服务中根据服务补救形式进行分类，拓展了服务补救分类的研究视角。

与默特等（Meuter et al.，2000）研究相比，在线 SSTs 中顾客—企业共同补救的占比并没有传统人际服务中共同补救的占比高，其可能的原因是：在 SSTs 中顾客对自我角色认知更清楚，其参与意识会比在人际服务情景中更强，遇到服务失败后会尽量采取独立补救措施，只有当遇到自己解决不了的问题时才会求助于企业。已有研究表明，中国顾客看待事物的方式不同于西方顾客，企业在制定有效服务补救管理措施时，必须考虑到这些差异（Liu，2013）。此外，也可能由于顾客寻求企业帮助反馈渠道不完善，企业服务补救程序复杂或效率低下，从而导致顾客在遭遇在线 SSTs 失败后不愿采取补救措施，而是选择放弃该服务。

本书针对在线 SSTs 补救分类的研究与现有针对非在线 SSTs 失败的研究也存在差异。刘（Liu，2013）研究表明，中国顾客最有可能遭遇的非在线 SSTs 补救策略依次是：无补救行为（62%）、顾客独立补救（21.1%）、失败升级（12.4%）和有意重复购买（2.2%）。这 4 种补救策略也是美国的 4 种主要服务补救类型（Forbes，2008）。这表明中美两国顾客在非在线 SSTs 交易情景中的主要补救策略非常相似。然而，非在线 SSTs 补救与在线 SSTs 补救类型存在明显差异。在非在线 SSTs 情景下，顾客更容易选择无补救行为而放弃继续使用 SSTs。而在在线 SSTs 情景中，顾客则更多选择独立参与完成服务补救。造成这种差异的原因可能是顾客在非在线 SSTs

现场无法及时求助服务人员帮忙解决失败，而在在线 SSTs 环境中，顾客则可以通过多种方式独立参与服务补救（例如，搜索信息、付出多次努力进行尝试等）。

6.1.2 SSTs 失败后顾客应对机制研究结论及讨论

基于权力接近—抑制理论、归因理论和压力应对理论，本书考察了顾客使用意愿（强迫 vs. 自愿）对 SSTs 失败后顾客应对行为的影响机制，同时考察了服务失败严重程度的调节效应。

1. 主效应研究结论及讨论

本书研究结果显示，SSTs 使用意愿正向影响顾客应对。也就是说，相比于强迫使用，在自愿使用情景下的顾客应对更积极。强迫使用研究是服务营销管理领域一个比较新的研究领域，近年来才逐渐引起学者们的关注（例如，曹忠鹏和胡小丹，2020；Feng et al.，2019；涂荣庭等，2011）。然而，相比于服务管理实践中大量的强迫使用情景，现有研究对强迫顾客使用 SSTs 的负面后果更是缺乏足够理解（Feng et al.，2019），现有研究可能不足以帮助学者和管理者充分理解不同顾客使用意愿对顾客应对行为的影响。与自愿使用情形不同，强迫使用对顾客构成感知威胁，使得服务失败顾客归因及顾客应对也可能存在差异。本书将权力接近—抑制理论引入 SSTs 使用情景，探讨了使用意愿（强迫使用 vs. 自愿使用）对 SSTs 失败后顾客应对行为的影响，该结果有助于深入理解顾客使用意愿的影响后果，为拓展顾客 SSTs 使用意愿（尤其是强迫使用）的研究提供了新的实证证据。

2. 中介效应研究结论及讨论

本书研究结果显示，SSTs 失败归因在使用意愿对顾客应对的影响关系中起中介作用。具体而言，（1）控制点归因在使用意愿与顾客应对之间起到中介作用。也就是说，强迫使用会导致服务失败企业责任归因，进而负向影响顾客应对；相反，自愿使用会导致服务失败自我责任归因，进而正向影响顾客应对。（2）稳定性归因在使用意愿与顾客应对之间起到中介作用。也就是说，强迫使用会导致服务失败稳定性归因，进而负向影响顾客应对；相反，自愿使用会导致服务失败不稳定性归因，进而正向影响顾客应对。

本书研究证实 SSTs 失败归因在使用意愿和顾客应对的影响关系中的确起中介作用。相比于阿加皮（Agapi，2017）的研究，本书将归因理论应用到 SSTs 失败后顾客应对情景，从控制点和稳定性两个维度探讨 SSTs 失败归因对顾客应对的影响，进一步丰富了对 SSTs 失败后顾客归因的理解和研究成果。

3. 调节效应的理论贡献研究结论及讨论

本书研究结果显示：（1）SSTs 失败严重程度调节了顾客使用意愿对顾客应对的影响关系。具体而言，在高失败严重程度下，使用意愿对顾客应对的影响更显著；而在低失败严重程度下，使用意愿对顾客应对的影响无显著性差异。（2）SSTs 失败严重程度还调节了顾客使用意愿对 SSTs 失败控制点归因的影响关系。具体而言，在高失败严重程度下，使用意愿对控制点归因的影响更显著；而在低失败严重程度下，使用意愿对控制点归因无显著性差异。（3）SSTs 失败严重程度调节了顾客使用意愿对 SSTs 失败稳定性归因的影响关系。具体而言，在高失败严重程度下，使用意愿对稳定性归因的影响更显著；而在低失败严重程度下，使用意愿对稳定性归因无显著性差异。

本书引入 SSTs 失败严重程度，探讨了影响 SSTs 使用意愿作用强度的调节效应，发现 SSTs 使用意愿产生作用的重要边界条件。本书证实了 SSTs 失败严重程度不仅对“SSTs 使用意愿→顾客应对”的直接作用强度起到调节作用，而且还对“SSTs 使用意愿→SSTs 失败归因（控制点归因、稳定性归因）→顾客应对”的间接作用关系中 SSTs 失败归因所起中介作用的强度起到调节作用。这个研究结论对于未来继续加强对顾客使用意愿对相关结果变量的影响研究具有一定的参考价值。

6.1.3 顾客独立参与SSTs补救机制研究结论及讨论

基于权力接近—抑制理论、心理韧性理论，本书考察了SSTs使用压力情境因素（拥挤感知和时间压力）对顾客情绪、顾客独立参与SSTs补救的影响机制，同时考察顾客心理韧性的调节作用。

（1）本书研究表明，顾客拥挤感知对顾客情绪有负向影响。这一研究结论与之前的研究具有一致性（Gelbrich & Sattler，2014），再次验证了拥挤感知产生的情景压力对顾客情绪产生影响。现有关于拥挤感知的研究表明，主要集中在其对顾客购买决策（例如，冲动购买）的影响，而在拥挤感知对服务情景中顾客情绪的影响研究显得较为缺乏。本书有助于理解影响SSTs失败后顾客情绪的前因，为丰富和拓展顾客情绪的研究提供新的实证证据。

（2）本书研究表明，顾客情绪在拥挤感知与时间压力影响顾客独立参与SSTs补救的过程中起中介作用。现有关于顾客情绪对服务补救的影响研究较为缺乏，为数不多的研究仅探索了服务失败后消极情绪（例如，技术焦虑）对顾客参与服务补救意愿的影响（Akman et al.，2012；Nili et al.，2014），然而往往忽略了积极情绪的作用。而在SSTs失败情景中，顾客往往难以及时获得服务人员帮助完成服务补救。对于企业而言，顾客积极情绪对其独立参与SSTs补救意愿的影响则显得更为重要，否则就会导致顾客放弃SSTs及顾客流失。本书揭示了顾客独立参与SSTs补救的影响机制，丰富了顾客情绪（积极情绪及消极情绪）的应用情景。

（3）本书研究表明，顾客独立参与SSTs补救对顾客补救后满意影响不显著。本书研究假设H_{5-4}（顾客独立参与SSTs补救正向影响补救后顾客满意）没有得到支持。该研究结论与陈可和涂平（2018）的研究一致。造成这种不显著影响的可能解释是在拥挤感知和时间压力情景下，遭遇SSTs失败的顾客往往需要整合自己的心理、精力等内外资源（Xu et al.，2014），被迫找到他们遭遇的问题的解决方案（Skourtis et al.，2019），顾客更容易感知到自己需要被迫独立参与SSTs补救。实际上，已经有一些学者将顾客—企业价值共创视为一种剥削顾客的形式（Arvidsson，2005；Zwick et al.，2008；Cova & Dalli，2009）。而在SSTs失败后，顾客独立参与服务补救更容易被顾客视为被“剥削”。顾客可能会认为其利用自己的资源独立参与SSTs补救实际上是企业在利用他们自己的贡献来解决问题。如果顾客将服务失败的原因归结于企业，则顾客的这种“被剥削感”可能会更强。已有研究指出，参与服务补救的顾客可能无法从服务补救中获得任何享乐价值（Skourtis et al.，2019）。因此，即便顾客通过独立参与SSTs补救能够学习到相关知识和技能，为其未来使用SSTs提供帮助，但是顾客仍有可能对此次SSTs使用体验感到不满意。这一研究结论有利于理解顾客参与SSTs补救的影响后果，为丰富对顾客参与价值共创的“阴暗面”的研究提供新的实证证据。

（4）本书研究表明，时间压力在拥挤感知对顾客情绪的影响关系中起负向调节作用。该结论验证了时间压力的确是拥挤感知对顾客情绪影响的边界条件。现有关时间压力对顾客情绪的影响研究相对较为缺乏（Gelbrich & Sattler，2014）。少量研究主要集中在时间压力对于SSTs使用意愿的影响。而对SSTs使用而言，经常面临空间压力（拥挤）和时间压力同时并存的情况。本书同时探究“时间”“空间”两个维度的压力情景因素对顾客情绪的影响能更好揭示顾客在遭遇SSTs失败后的顾客情绪反应。

（5）本书研究表明，顾客心理韧性在顾客情绪对顾客独立参与SSTs补救的影响关系中起调节作用。本书将心理学领域的心理韧性理论拓展至服务营销管理领域的SSTs补救研究，实证检验了顾客心理韧性的确是顾客情绪对顾客独立参与SSTs补救的影响边界条件。虽然已有研究认为，顾客个人特质（例如，自我效能感）在顾客参与SSTs补救中起到重要作用。自我效能感是个人相信自己能够组织并执行方案，以应对可能的情况的信念（Bandura，1997）。换句话说，自我效能感是个人相信自己在特定情景下成功的信念。但是自我效能感和心理韧性的自信维度存在差异（Bandura，1997），而且心理韧性能反映更多个人在面对压力情景下的心理特质。本书拓展了心理韧性理论在服务管理及消费行为领域的应用，对未来深化顾客情绪对顾客参与服务补救的影响研究具有较好的理论参考价值。

6.2 理论贡献与创新

6.2.1 理论贡献

1. 对权力接近—抑制理论的贡献

在心理学领域，权力接近—抑制理论是用来解释不同权力感的个体在行为和偏好上存在差异的原因，该理论在服务营销管理领域的应用较为缺乏（例如，曹忠鹏和胡小丹，2020；曹忠鹏等，2020）。本书将权力接近—抑制理论拓展至SSTs补救领域，考察在强迫使用、感知拥挤及时间压力等压力情景下，权力感知对顾客压力应对行为的影响。现有关于SSTs使用意愿的研究主要集中在对顾客SSTs采纳及持续使用行为的影响研究（例如，王荣祖和吕堂荣，2014），往往忽略了SSTs使用意愿（尤其是强迫使用意愿）对SSTs采纳及持续使用过程中遭遇SSTs失败后顾客应对行为的影响研究。此外，拥挤感知和时间压力是SSTs使用过程中两个重要的压力情景因素。然而现有关于拥挤感知的研究主要集中在传统人际服务场景，很少有研究关注基于技术的SSTs环境中的情境因素（Dabholkar & Bagozzi, 2002），对于SSTs使用场景下拥挤感知、时间压力等情景因素对顾客情绪的影响更是缺乏必要的认知。

本书以权力接近—抑制理论为基础理论，研究强迫使用、感知拥挤、时间压力等压力情景下顾客权力感知对SSTs失败后顾客应对及独立参与SSTs补救的影响机制。本书研究结果表明，SSTs使用意愿正向影响顾客应对，而且控制点归因和稳定性归因在使用意愿与顾客应对之间起到中介效应。此外，拥挤感知负向影响顾客情绪，顾客情绪中介了拥挤感知与时间压力对顾客独立参与SSTs补救的影响关系，而且时间压力调节了拥挤感知对顾客情绪的影响关系。本书研究结论验证了在强迫使用、感知拥挤及时间压力等压力情景下的确存在“权力接近—抑制效应”。本书从顾客权力接近—抑制视角为SSTs失败后顾客应对及独立参与SSTs补救的内在机制作出了新的解释。因此，本书对服务营销管理领域中的权力接近—抑制理论也作出了一定贡献。

2. 对归因理论研究的贡献

在服务营销管理领域，归因理论研究的一个主要目的是解释服务接触情景中造成服务失败的原因。以往顾客参与对服务失败归因影响关系的研究（Bendapudi & Leone，2003；Yen et al.，2004）多聚焦于控制点归因维度（Chen，2018），往往忽略了顾客对SSTs失败稳定性归因和可控性归因的研究（Dabholkar & Spaid，2012；Iglesias et al.，2015；Chen，2018）。然而已有研究指出，将服务失败的三个归因维度同时纳入检验服务失败归因的心理过程，可以获得更加全面的洞察（De Keyser et al.，2019；Larivière et al.，2017；Wirtz et al.，2018）。

鉴于服务交付将更多由人类和技术共同协作进行，而且SSTs具有明显的技术性特征，所以遭遇SSTs失败的顾客比较容易从控制点、稳定性、可控性三个维度进行SSTs失败归因。考虑到控制点归因（即事件成败是由个人内部还是外在环境导致）和可控性归因（即事件成败是否能由个人意愿所决定）之间的高度相关性，因此有学者将控制点归因和可控性归因两个维度合并为控制点归因一个维度（Tsiros et al.，2004；Belanche et al.，2020）。

基于此，本书从控制点归因和稳定性归因两个维度出发，考察了SSTs失败归因在顾客SSTs使用意愿与SSTs失败后顾客应对行为的影响关系中的中介效应。本书研究结果显示，控制点归因和稳定性归因在使用意愿与顾客应对之间的确起到中介效应。也就是说，强迫使用会导致SSTs失败企业责任归因，进而负向影响顾客应对；相反，自愿使用会导致SSTs失败自我责任归因，进而正向影响顾客应对。而强迫使用会导致SSTs失败稳定性归因，进而负向影响顾客应对；相反，自愿使用会导致SSTs失败不稳定性归因，进而正向影响顾客应对。

因此，本书揭示了顾客SSTs使用意愿对SSTs失败后顾客应对行为产

生影响作用的“黑箱”，即SSTs使用意愿通过SSTs失败归因的中介作用影响SSTs失败后的顾客应对行为。因此，本书也为服务营销管理领域的归因理论研究作出了一定贡献。

3. 对压力应对理论的贡献

压力应对理论是心理学、医学、教育学等领域的研究热点。作为理解顾客在各种消费情景中应对压力的方式，近年来压力应对理论也开始受到服务营销管理领域学者的关注。服务失败通常是使顾客遭受损失的压力事件（Smith et al.，1999），因此，压力应对理论可以被应用在服务管理领域中的服务失败及补救情景，用以解释顾客在遭遇服务失败压力情景中的行为反应。现有关于服务失败后顾客应对的研究主要聚焦于传统人际服务失败情景。在遭遇SSTs失败后又无法及时求助服务人员提供帮助的情况下，顾客应对行为与传统人际服务失败后必然存在差异。然而，除古德（Goode，2020）的研究以外，目前针对SSTs失败后顾客应对的研究仍较为缺乏。

虽然拉撒路和福克曼（Lazarus & Folkman，1984）的两维度应对模型（即以问题为中心的应对和以情绪为中心的应对）一直是心理学研究领域中压力管理最具影响力的理论之一，但是这两个维度的界限并不十分清晰（Duhachek & Oakley，2007），而且这两个维度并不是对立的，它们有可能同时发生（Nielsen & Knardahl，2014）。因此，本书将顾客应对划分为积极应对（包括解决问题和接受）和消极应对（包括对抗性应对和行为解脱）两个维度，重点考察使用意愿（尤其是强迫使用）通过SSTs失败归因对SSTs失败后顾客应对行为产生影响的心理机制，其研究结果表明，使用意愿的确是顾客应对行为的一个重要的前因变量。具体而言，SSTs使用意愿正向影响顾客应对，控制点归因和稳定性归因在使用意愿与顾客应对之间起到中介效应，而且SSTs失败严重程度调节了顾客使用意愿对顾客应对的影响关系。

本书将压力应对理论拓展到SSTs失败研究，将顾客应对作为顾客对SSTs失败压力情境的心理反应，为服务失败研究提供了一个新的研究视角，也深化了对压力情景下顾客应对行为的理解。因此，本书对服务营销管理领域的现有顾客压力应对理论作出了一定贡献。

4. 对服务补救理论研究的贡献

服务补救理论研究一直是服务营销管理领域的研究热点。然而现有关于服务补救的研究仍集中在传统人际接触的服务情景，针对缺少人际接触的 SSTs 情景的服务补救研究则相对较少。虽然学者们对顾客参与在 SSTs 中的重要性已经达成共识（Robertson & Shaw，2009；黄静等，2013），但是对顾客在 SSTs 补救中角色的研究仍较为缺乏（Dong et al.，2008；Zhu et al.，2013；楼尊和林琳，2010）。现有为数不多的关于 SSTs 补救的研究主要集中在顾客—企业共同参与 SSTs 补救，而对顾客独立参与 SSTs 补救的影响机制仍缺乏深入研究（Chen et al.，2021）。目前尚不清楚顾客是否愿意以及在何种条件下愿意参与服务补救（Dong et al.，2011）。

本书将服务补救研究从传统的人际服务接触情景（企业主导）拓展到 SSTs 情景（顾客主导），与现有 SSTs 补救研究聚焦于联合补救不同，本书聚焦于顾客独立参与 SSTs 补救（即顾客补救），考察压力情景因素（感知拥挤、时间压力）对顾客独立参与 SSTs 补救的影响机制。研究结果表明，拥挤感知负向影响顾客情绪，顾客情绪在拥挤感知与时间压力影响顾客独立参与 SSTs 补救的过程中起中介作用，时间压力调节拥挤感知对顾客情绪的影响，顾客心理韧性在顾客情绪对顾客独立参与 SSTs 补救的影响中起调节作用，但是顾客独立参与意愿对补救后顾客满意的影响不显著。

本书揭示了拥挤感知及时间压力等压力情景因素对顾客独立参与 SSTs 补救产生影响的“黑箱”，深化对顾客参与服务补救的角色行为的理解，明确顾客情绪对顾客独立参与 SSTs 补救的影响的边界条件（即顾客心理韧性的调节效应）。因此，本书对服务营销管理领域的服务补救理论研究作出了一定贡献。

6.2.2 创新之处

SSTs 失败及 SSTs 补救是服务营销管理领域学术界的前沿问题。现有

关于服务失败和服务补救的研究仍集中在传统人际接触服务情景，针对缺少人际接触的SSTs失败和SSTs补救研究则相对较少。本书主要在对SSTs失败及补救类型进行探索性研究的基础上，对SSTs失败后顾客应对及顾客独立参与服务补救的影响机制进行研究，以求全面揭示顾客从遭遇SSTs失败到其独立参与SSTs补救的整个服务接触流程中的顾客行为规律。本书的创新之处主要体现在以下方面。

（1）本书采用深度访谈法和关键事件法对中国顾客遭遇的在线SSTs失败及补救类型进行探索性研究，特别是从顾客参与程度的视角对SSTs补救类型进行了划分。与现有针对美国等发达国家顾客为对象的SSTs失败及补救类型的研究相区别，同时也与传统人际服务失败及补救的类型研究相区别。

（2）本书将“强迫使用”情景变量引入SSTs失败研究，以权力接近—抑制理论、归因理论及压力应对理论为基础理论，基于“刺激—有机体—反应”(S-O-R）的逻辑框架，发展出使用意愿（强迫 vs. 自愿）对SSTs失败后顾客归因及其应对行为的影响机制模型，通过3个实验对该模型进行了验证，揭示了使用意愿对SSTs失败后顾客应对产生影响的“黑箱”。

（3）本书将拥挤感知、时间压力等压力情景因素引入SSTs补救研究，以权力接近—抑制理论及心理韧性理论为基础理论，基于“刺激—有机体—反应”(S-O-R）的逻辑框架，发展出“空间压力”(拥挤感知)、“时间压力”等压力情景因素通过顾客情绪对顾客独立参与SSTs补救的影响机制模型，通过3个实验对该模型进行了验证，揭示了拥挤感知、时间压力等压力情景因素对顾客独立参与SSTs补救产生影响的“黑箱”。同时还检验了顾客心理韧性的确是顾客情绪对顾客独立参与SSTs补救的影响边界条件。

6.3 管理启示

通过理论构建和实证研究，本书不仅揭示了SSTs失败后顾客应对及独立参与补救的机制，而且还从 SSTs 战略规划、开发与设计、支持体系及运营管理等方面为企业的 SSTs 管理决策提供以下建议。

6.3.1 企业 SSTs 战略规划方面的管理建议

1. 重新理解服务补救价值

虽然价值共创的理念已经非常成熟，然而有研究指出，大多数企业并不认为顾客服务是主要的价值活动，许多企业将其外包给其他企业，导致顾客遭遇服务失败后的补救措施不灵活（Pitelis & Teece，2009）。实际上，企业参与服务补救也是一种学习机会，企业可以通过收集丰富的顾客反馈的服务失败信息，重新设计服务流程，完善服务补救措施。因此，企业必须重新思考其在服务提供过程中的角色，认识到能够有效而且高效地提供核心服务补救流程实际上代表了一种企业的动态竞争能力，既能为顾客增加价值，也创造了企业对服务失败及服务补救的学习机会。

2. 寻求服务渠道平衡

从本书研究结果来看，试图直接采用 SSTs 替代人际服务，强迫顾客使用 SSTs 的决策存在较大风险。虽然现有研究强调了顾客在 SSTs 补救过程中的角色（Robertson & Shaw，2009）。但也有研究表明，在某些情况下，顾客还是希望服务人员参与 SSTs 补救（Bagherzadeh et al.，2020）。即使是顾客自己导致的 SSTs 失败，当服务人员不在场时，顾客仍然更愿意致电服务人员寻求帮助，以迅速解决问题（Dao & Theotokis，2021）。

因此，企业需要寻求人工服务渠道与 SSTs 渠道的平衡，既能通过投入 SSTs 及减少员工来节省成本，又能及时响应顾客遭遇 SSTs 失败后的投诉处理（即共同参与 SSTs 补救）。也就是说，在企业投入 SSTs 渠道的同时，也要确保设置有服务人员渠道提供人际服务，使顾客在遭遇 SSTs 失败后无法自行解决问题时能够通过人工服务渠道及时得到帮助。做好人工服务渠道和 SSTs 渠道的平衡，其关键是做好服务能力和需求管理。

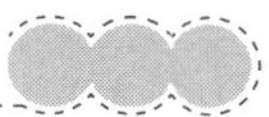

3. 建立顾客投诉处理制度

企业需要建立在SSTs失败后的顾客投诉处理制度。明确顾客投诉的途径（例如，免费电话、在线通信工具等）、SSTs失败后顾客投诉分类及投诉处理流程、顾客投诉信息存档等。为完善SSTs失败顾客投诉处理制度，企业可以根据顾客使用SSTs消费和行为数据，制订特定服务行业的SSTs失败清单以及帮助顾客进行SSTs补救的管理策略清单，并将规范的服务补救流程整理成统一脚本，用以规范服务人员协助顾客进行SSTs补救的操作流程。为此企业需要进行服务人员的教育培训，指导服务人员如何从协助顾客进行SSTs补救的过程中准确获取顾客需要的信息，提高顾客对SSTs补救行为的理解，并按照SSTs补救规范流程，灵活选择最合适的SSTs补救支持策略。

4. 重新分配服务人员职能

本书研究结果表明，STTs失败后顾客应对及其独立参与SSTs补救行为区别于传统人际服务失败情景。而且已有研究表明，技术人员和服务人员只有合作才能有效地补救SSTs失败（Dao & Theotokis，2021）。因此，服务企业需要重新分配一线服务人员的角色和职能，而不是为了推行SSTs而完全解雇服务人员。推行SSTs的企业服务人员需要学习包括机器流程自动化、基本编程和技术故障排除等新知识和技能（Paluch et al.，2020）。这些知识和技能要求与传统人际服务情景中服务人员所需知识和技能存在较大差异。从这个意义上来讲，企业需要对现有人力资源管理工作进行调整，以便更好适应人工智能时代对服务行业人力资源的重大影响和挑战。

6.3.2 SSTs开发与设计方面的管理建议

1. 鼓励顾客参与SSTs设计

企业不应回避由于SSTs失败而承担的责任，而是应该尽力消除SSTs

设备发生错误的可能性。本书结果表明，设计失败是占比最大的在线 SSTs 失败类型。企业需要真正以顾客为中心，鼓励顾客参与 SSTs 的开发、设计与测试，根据顾客使用习惯确定其关键服务接触点，优化 SSTs 的功能和操作流程。顾客参与也使得企业有机会理解顾客在使用 SSTs 过程中可能遇到的服务失败问题，通过更流畅和更友好的设计将 SSTs 失败的可能性减到最小。例如，改进 SSTs 编程以防止或绕过更容易频繁发生的失误。

2. 完善 SSTs 自我补救功能

那些不能在 SSTs 附近安排服务人员的企业则需要在 SSTs 设备设计时考虑如何强化其 SSTs 设备的自我检测功能。本书鼓励顾客在遭遇 SSTs 失败后自己尝试独立进行 SSTs 补救，但也不能忽略了 SSTs 设备本身也可以参与 SSTs 补救过程的可能性。道和西奥托基斯（Dao & Theotokis，2021）提出 SSTs 自我补救的概念，并将其定义为：一种 SSTs 会在没有任何顾客输入的情况下自动通知服务人员发生服务失败并寻求帮助的服务补救方法。当顾客遭遇 SSTs 失败而且服务人员不在场时，SSTs 系统可以立即检测到错误（即服务失败），并通过即时通信工具通知服务人员，而不是让顾客主动联系服务人员。SSTs 设备的虚拟代理人还能以语音（或视频）的方式及时告知顾客，这说明当前 SSTs 失败是由于系统错误造成的，并且系统已经通知服务人员提供帮助，以此来安抚顾客情绪。因此，未来的 SSTs 设备的设计和开发需要考虑增加 SSTs 启动的自我补救功能，以便快速响应 SSTs 失败。

3. 提高 SSTs 设备的移情性

本书研究表明，与积极情绪相比，消极情绪对顾客独立参与 SSTs 补救的影响更大。移情性可以减少顾客不满情绪、负面口碑传播意愿等负面反应（Wan & Wyer，2019）。然而最新一项 SSTs 研究却表明，人机交互过程往往缺乏对等的移情性，从而无法减少顾客在 SSTs 失败后的负面反应（Chen et al.，2021）。即便如此，计算机科学领域的方法还是可以整合到人机交互的移情中（Santos et al.，2018）。已有研究表明，绝大多数顾客

希望SSTs机器设备具有更高程度的拟人化（Kelly et al.，2017），而且使顾客感受到交互和关怀更能提高顾客的满意度（Fan et al.，2019）。

拟人化服务机器人正是利用人工智能（AI）赋能SSTs的产物，而且正在越来越多地取代许多行业中的服务人员。通过拟人化的化身或虚拟现实技术可以在没有员工在场的情况下对SSTs失败进行有效补救。因此，企业在设计和开发SSTs设备时可以借助摄像头、麦克风及接触式传感器等设备，以及人脸识别、语言识别等人工智能生物识别技术，增加顾客面部表情识别功能和设备的智能聊天功能，以便识别顾客在使用SSTs过程中的情绪状态，通过算法生成和顾客情绪状态相匹配的音乐或者与顾客进行语音互动聊天，以此缓解顾客在SSTs失败时的消极情绪。

6.3.3 SSTs实施支持体系方面的管理建议

1. 优化SSTs的消费环境

本书研究表明，高顾客拥挤感知和时间压力对顾客情绪产生负面影响。企业需要根据对顾客使用SSTs的消费和行为数据的分析，调整SSTs设备的供给数量和场地大小，对SSTs场景进行优化布置（例如，张贴温馨提示语，优化等候排队方式，播放合适的背景音乐，提供舒适座椅、零食、杂志等），创造令顾客愉悦的SSTs消费环境，尽量降低拥挤感知程度，从而减少顾客在使用SSTs过程中的消极情绪。

2. 加强顾客教育和培训

企业有责任通过提供详细的、友好的辅助工具进行顾客教育，以影响顾客角色清晰度和专业技能，提升顾客使用SSTs的自我效能感。例如，在远程线下SSTs设备处设置操作流程指南、常见问题处理等文字、音频及视频材料，为访问和使用在线SSTs的顾客提供在线操作指引、常见问题处理、免费电话、在线通信工具等，还可以通过媒体广告投放、在线社群等途径进行顾客教育。以便在遭遇SSTs失败后，顾客能够应用专业技能和知识采取积极应对行为独立参与 SSTs 补救（例如，顾客可以根据产品用户手册诊断其笔记本电脑存在的问题）。此外，企业还可以制订顾客培训计划。例如，可以在选定推行 SSTs 的商店开展相关培训，跟踪调查这些接受过和未接受过 SSTs 培训的商店的顾客满意度，并不断完善顾客教育培训计划。

3. 提供有效支持信息

本书研究发现，顾客心理韧性调节顾客情绪对顾客独立参与 SSTs 补救的影响关系。个体的心理韧性可以通过学习应对策略来进行培养（Clough & Strycharczyk，2012）。为时间压力下的决策者提供实际有效的信息，以此维持其积极情绪和开放性认知态度，可以有效提高个体应对时间压力情境的决策能力（Zakay et al.，1993；Ariely & Zakay，2001；彭新波和高华，2011）。因此，企业需要就他们希望顾客在 SSTs 使用过程中所需知识和能力提前进行清晰的沟通。如上所述，各种顾客教育方式都可以为顾客提供正确使用 SSTs 所需的信息，提高其应对 SSTs 失败的知识、技能，提升顾客在服务失败压力情景中的心理韧性，并最终提高其独立参与 SSTs 补救的意愿。

4. 推行 SSTs 的营销沟通

当企业使用 SSTs 替换人工服务时，需要采取合适的营销沟通方式，对企业推行 SSTs 的初衷与顾客进行沟通。需要向顾客强调企业采用 SSTs 提供服务的决策仍是以顾客为中心，鼓励顾客将采用 SSTs 更多地视为一种与企业共同创造价值的机会，这说服顾客不要将使用 SSTs 视为企业为其添加的麻烦。例如，航空企业为鼓励乘客使用智能手机应用程序（App）办理在线值机手续，可以将其营销沟通方式表述为“乘客参与减少纸张浪费和环保行为的机会”。当顾客认为使用 SSTs 是在与企业共创价值时，往往不太可能认为自己是在被迫使用新技术（Feng et al.，2019），而更有可能将其作为价值共创者参与 SSTs 交付过程。此外，企业还可以通过广告或其他方式（例如，SSTs 现场海报）将与 SSTs 具有自我学习能力的相关信息告知顾客，这说明其遭遇的 SSTs 失败问题将会在未来逐渐得到改善，以此减少顾客在遭遇 SSTs 失败后的企业责任归因和稳定性归因。

6.3.4 SSTs 运营管理方面的管理建议

1. 定期检查 SSTs 设备

在 SSTs 运营过程中，SSTs 管理人员应该定期（或间隔时间较短）检查 SSTs 设备，监控 SSTs 系统的功能是否正常运行（例如，IBM 企业为其企业的 SSTs 信息亭提供 24 小时服务和远程管理的解决方案），调整和评估其操作程序、技术友好性，以便于在 SSTs 失败发生前进行预防。通过这些措施可以减少顾客对 SSTs 失败稳定性归因的可能性，使顾客更可能采取积极应对策略参与 SSTs 补救工作。

2. 建立 SSTs 失败预警系统

企业可以通过 SSTs 终端设备收集顾客消费和行为大数据，并以此建立企业 SSTs 失败预警系统（例如，对某些关键指标设置阈值），支持 SSTs 设备进行自我检测，及时判断顾客在使用 SSTs 过程中的错误操作，在 SSTs 失败真正发生前进行干预。例如，利用顾客成功完成 SSTs 交易平均需要花费时长建立顾客行为数据库（Hsu et al.，2021），如果顾客在使用 SSTs 过程中超过平均花费时长，则 SSTs 设备可以检测到顾客可能有麻烦（即有可能发生 SSTs 失败），通过 SSTs 设备的预警系统触发具有 AI 功能的聊天机器人参与服务补救，或者直接将 SSTs 失败信息告知服务后台服务人员，主动协助指导顾客参与 SSTs 补救。

6.4 研究局限及未来研究展望

6.4.1 研究局限

1. 抽样样本的局限

因为受到研究时间及费用限制，本书的 6 个实验的参与者均为在校大学生。学生样本具有较好的同质性，能够排除收入、职业方面差异的影响（Shuptrine，1975），而且学生更有可能使用 SSTs，因而更适合作为抽样样本（Elliott & Hall，2005）。因此，本书的实验结果较为单纯，其外部效度在一定程度上受到抽样样本的限制。本书的研究结论在实际应用时可能还需考虑更多其他影响因素（如年龄、学历等）对相关研究变量可能造成的影响。

2. 实验设计的局限

本书的 6 个实验涉及超市、地铁站、火车站、电影院、餐厅等公共 SSTs 情景，均采用情景模拟实验法，所用的实验刺激材料均以文本形式呈现。虽然 6 个实验情景都是参与者较为熟悉的情景，但是参与者实际上并未接触到真正的 SSTs 失败情景，要求参与者想象的实验情景与真实场景之间必然存在一定的差异。虽然本书已经通过使用尽可能形象和详细的场景描述来增强参与者对实验场景的真实性感知，但是情景模拟实验法带来的效度损失仍然无法避免。

3. 测量量表的局限

本书所使用的顾客应对、顾客心理韧性的测量量表均来自公开发表的心理学及服务管理领域前沿学术期刊的研究成果，并且被国外相关研究进行了验证，但是这些变量的测量量表在中国样本中的信度、效度还没有得到检验。本书采用在校大学生样本对这些量表的信度、效度进行了检验，但这些量表的信度、效度仍有待在更大范围的国内样本群体中进行检验。

6.4.2 未来研究展望

本书研究了 SSTs 失败后顾客应对及独立参与补救机制，但这只是对该研究领域的初步探索。随着全球人工智能产业的快速发展，传统 SSTs 必然会迎来更为广泛的应用前景。目前学术界对于 SSTs 失败及 SSTs 补救的研

究仍较为缺乏，所以该领域具有很大的研究空间。以下是为未来研究提供的一些建议。

（1）人工智能服务机器人（或拟人化服务机器人）服务失败后顾客应对及补救机制研究。本书实验场景中的SSTs均为非拟人化的计算机界面（屏幕）。近年来拟人化的服务机器人在许多服务行业中的应用越来越普及。未来研究有待继续考察拟人化SSTs失败后的顾客应对（例如，Huang & Dootson，2022；Xu & Liu，2022）及其独立参与SSTs补救的影响机制（例如，Fan et al.，2020）。

（2）考察其他前因变量对SSTs失败顾客应对的影响。SSTs类型（功能型 vs. 享乐型或公共SSTs vs. 私人SSTs）、SSTs失败类型（技术失败 vs. 设计失败 vs. 过程失败或功能服务失败 vs. 非功能服务失败）可能是影响SSTs失败后顾客归因及顾客应对的影响前因变量（例如，Chen，2018；Xing et al.，2022）。使用不同类型SSTs或者遭遇不同类型SSTs服务失败后顾客责任归因及应对机制如何？这些问题都有待未来研究继续探讨。

（3）考察其他调节变量的影响。已有研究表明，拥挤容忍可能会调节拥挤感知和购买满意度之间的关系（Ferreira et al.，2017），急躁个性特征的顾客更容易感知到拥挤（Machleit et al.，2000）。因此，未来研究有待考察其他调节变量，如失败容错态度（林子筠等，2021；熊伟等，2021）、特征性调节聚焦（吕兴洋等，2021）及内隐人格倾向（王海忠等，2021）等个性特征、SSTs失败严重程度、顾客拥挤经历、顾客愤怒（Crolic，2022）等，在压力情景因素对顾客情绪的影响关系中的调节作用。

（4）相关变量量表的开发及检验。未来研究还可以借鉴国外现有研究，开发顾客压力应对、顾客心理韧性及顾客独立参与SSTs补救等变量的测量量表，并在国内样本群体中进行检验，为SSTs失败及补救的实证研究提供更高质量的研究工具（例如，彭艳君，2014）。

（5）未来研究可以考虑在地铁站、电影院、餐厅、主题公园等公共SSTs实际使用场景下进行现场实验，收集数据，对研究模型及假设进行检验，以提高研究结论的外部效度。

参考文献

[1] 199IT. Point Source：美国消费者对客户服务的耐性只有 5 分钟 [EB/OL]. 2018 - 03 - 01.

[2] NCR. 8 成中国消费者选择自助服务 [J]. 每周电脑报，2008 (24)：46.

[3] 白琳. 科技介入型服务接触研究述评 [J]. 外国经济与管理，2008 (9)：14 - 21，27.

[4] 曹忠鹏，胡小丹. 强扭的瓜不甜：顾客被迫使用自助服务技术对态度的影响及机理研究 [J]. 南大商学评论，2020，17 (1)：96 - 119.

[5] 曹忠鹏，靳成雯，马菁，等. 自助服务技术中虚拟代理人呈现对顾客准备的影响研究 [J]. 南开管理评论，2020，23 (4)：73 - 83.

[6] 曹忠鹏，赵晓煜，代祺. 顾客继续使用自助服务技术影响因素研究 [J]. 南开管理评论，2010，13 (3)：90 - 100.

[7] 常亚平，罗劲，阎俊. 服务补救悖论形成机理研究 [J]. 管理评论，2012，24 (3)：100 - 107.

[8] 陈可，涂平. 顾客参与服务补救：基于 MOA 模型的实证研究 [J]. 管理科学，2014 (3)：105 - 113.

[9] 陈锐海，曹露浩. 2019 年 48 国互联网发展水平排名出炉 中国位列第二 [EB/OL]. 2019 - 10 - 20.

[10] 陈晓萍，沈伟. 组织与管理研究的实证方法 [M]. 北京：北京大学出版社，2018：145.

[11] 崔楠. 消费者的真实性感知：前因、内部化过程及其影响后果

[M]. 武汉：武汉大学出版社，2015：82.

[12] 范秀成，刘建华. 顾客关系、信任与顾客对服务失败的反应 [J]. 南开管理评论，2004，7 (6)：9-14.

[13] 郭本禹，姜飞月. 自我效能理论及其应用 [M]. 上海：上海教育出版社，2008：56-57.

[14] 郭芳. 对自助服务技术下顾客感知控制的研究：基于网上银行的分析 [J]. 金融理论与实践，2016，35 (10)：27-31.

[15] 国家统计局. 中华人民共和国2020年国民经济和社会发展统计公报 [EB/OL]. 2021-02-28.

[16] 黄静，吴宏宇，王新刚，等. 科技型自助服务失败的归因研究 [J]. 统计与决策，2013，5 (22)：170-172.

[17] 黄哲盛，陈芃均. 精品潜在顾客面对服务接触缺失的自我修复行为研究 [J]. 台大管理论丛，2016，26 (1)：99-128.

[18] 金立印. 基于关键事件法的服务失败原因及补救战略效果定性分析 [J]. 管理科学，2005，18 (4)：63-70.

[19] 李斐斐，王兴元. 顾客应对倾向、服务失败程度与服务补救策略 [J]. 财经论丛，2015 (2)：91-98.

[20] 李红霞，杨言言. 煤矿安全生产中矿工心理韧性影响因素研究 [J]. 西安科技大学学报，2018，38 (4)：538-545.

[21] 李靖华，王祺. 自助服务科技研究综述 [J]. 科技管理研究，2010，30 (6)：122-125.

[22] 李路. 中国移动支付领跑全球：规模达美国90倍 [EB/OL]. 2017-09-24.

[23] 梁承磊，李秀荣，孔令明. 服务补救理论研究综述 [J]. 吉林省经济管理干部学院学报，2011，25 (4)：26-29.

[24] 林子筠，吴琼琳，才凤艳. 营销领域人工智能研究综述 [J]. 外国经济与管理，2021，43 (3)：89-106.

[25] 刘梦玮，汤定娜. 时间压力对顾客移动购物意愿的影响研究 [J]. 大连理工大学学报（社会科学版），2018，39 (3)：57-63.

[26] 刘顺忠，陈凡．网络自助购物过程中快递服务失败与补救研究［J］．华中师范大学学报（自然科学版），2015，49（5）：672－679.

[27] 楼尊．参与的乐趣：一个有中介的调节模型［J］．管理科学，2010，23（2）：69－76.

[28] 楼尊，林琳．SSTs 条件下顾客参与服务补救的学习效应与情感体验：顾客参与程度的调节作用［A］．// 2010JMS 营销科学学术年会论文集［C］．2010.

[29] 吕兴洋，杨玉帆，许双玉，等．以情补智：人工智能共情回复的补救效果研究［J］．旅游学刊，2021，36（8）：86－100.

[30] 苗元江，沈晔．员工心理韧性新视角［J］．现代经济信息，2010（15）：81－82.

[31] 彭新波，高华．时间压力与决策［J］．宁波大学学报（教育科学版），2011，33（3）：22－26.

[32] 彭艳君，高翁玉．顾客感知价值，顾客能力对顾客继续使用自助服务技术的影响［J］．企业经济，2017，36（12）：64－70.

[33] 彭艳君．顾客参与自助服务补救量表的构建和研究［J］．北京工业大学学报（社会科学版），2014，14（6）：31－38.

[34] 彭艳君．国外自助服务补救研究述评［J］．中国流通经济，2015（2）：65－71.

[35] 彭艳君．自助服务失误情境下的顾客动态应对机制［J］．中国流通经济，2018，32（6）：64－72.

[36] 轻客智能．服务机器人或将成为未来酒店的主流［EB/OL］．2019－01－30.

[37] 沈曼琼，王海忠，胡桂梅．营销领域的社会拥挤研究述评与展望［J］．外国经济与管理，2019，41（3）：85－97，110.

[38] 舒华，张亚旭．心理学研究方法：实验设计和数据分析［M］．北京：人民教育出版社，2008.

[39] 涂荣庭，吕堂荣，韦夏．趋利或避害：信息内容对新产品感知风险的影响［J］．经济管理，2011，33（8）：134－148.

[40] 汪涛，望海军．顾客参与对服务人员工作满意度影响研究［J］．财贸经济，2008，29（6）：123－127.

[41] 汪伟，孙伟．在线自助服务技术失败及补救的类型［J］．武汉冶金管理干部学院学报，2015，25（3）：86－88.

[42] 王成慧，范军，宋艳静．电商购物节对消费者冲动性购买行为的影响分析［J］．价格理论与实践，2018（7）：127－130.

[43] 王海忠，谢涛，詹纯玉．服务失败情境下智能客服化身拟人化的负面影响：厌恶感的中介机制［J］．南开管理评论，2021，24（4）：194－204.

[44] 王倩，江琦．时间压力下决策行为的研究综述［J］．许昌学院学报，2011，30（2）：15－18.

[45] 王荣祖，吕堂荣．强迫航空旅客使用自助报到服务之效果与营销战术［J］．管理与系统，2014，21（1）：95－110.

[46] 韦斐琼，樊亚凤，江林．自助服务技术研究回顾，述评与展望［J］．商业经济研究，2016（5）：51－54.

[47] 魏君育．科技适应度对自助服务科技服务补救、满意度与行为意图之影响［D］．台湾：台湾大学，2011.

[48] 温孝卿，郭芳．自助服务技术下顾客参与行为的研究［J］．软科学，2014，28（7）：91－93.

[49] 翁文静，黄梦岚，汤德聪，等．时间压力对消费者冲动性购买意愿的影响：基于淘宝直播情境的视角［J］．福建农林大学学报（哲学社会科学版），2020，23（4）：61－70.

[50] 吴婷，张正堂．积极心态的员工更认同组织吗?：匹配视角下心理韧性对员工组织认同的影响［J］．财贸研究，2017，28（4）：101－109.

[51] 熊伟，黄媚娇，黄苑妃．酒店服务失败情境下顾客的负性情绪与宽容度的弹性变化［J］．旅游科学，2021，35（4）：53－75.

[52] 杨水清，鲁耀斌，曹玉枝．使用情景对移动互联网用户采纳行为影响的实证研究［J］．情报杂志，2012（10）：182－188.

[53] 于肖楠，张建新．韧性（resilience）：在压力下复原和成长的心

理机制［J］. 心理科学进展，2005，23（5）：658－665.

［54］余宙婷，舒华英．基于顾客感知的自助服务分类研究［J］．营销科学学报，2012，8（1）：95－110.

［55］余宙婷，舒华英．营销视角下服务分类研究综述［J］．北京邮电大学学报（社会科学版），2011，13（4）：61－67.

［56］张洪，鲁耀斌，向纯洁．社会化商务环境下消费者参与意向研究：基于体验的视角［J］．管理工程学报，2017，31（2）：40－46.

［57］张萍，符国群．运用关键事件技术分析服务接触中顾客满意与不满的原因［J］．南大商学评论，2005，2（4）：87－98.

［58］张圣亮，吕俊．服务失误归因对消费者情绪和行为的影响［J］．经济管理，2010，32（11）：99－105.

［59］张圣亮，杨俊．基于技术的自助服务顾客满意影响因素研究［J］．管理学报，2009，6（9）：1245－1249.

［60］张童．服务失败情境下银行声誉对理财顾客应对行为的影响研究［J］．中央财经大学学报，2014（7）：39－46.

［61］赵保国，余宙婷．基于人际关系视角的自助服务扩散研究［J］．管理科学学报，2016，19（10）：101－116.

［62］郑秋莹，姚唐，穆琳，等．自助服务技术服务失误与服务补救策略研究［J］．管理观察，2012，19（23）：186－187.

［63］中国互联网信息中心．第51次《中国互联网络发展状况统计报告》［R/OL］．2023－03－02.

［64］钟振东，唐守廉．商品主导逻辑与服务主导逻辑对比研究：基于顾客价值［J］．管理现代化，2013（6）：54－56.

［65］Agapi A. Customers' reactions to self-service technology failure：Attributions of blame and coping strategies［D］. Helsinki：Aalto University，2017.

［66］Ahmad S. Service failures and customer defection：A closer look at online shopping experiences［J］. Managing Service Quality：An International Journal，2002，12（1）：19－29.

[67] Akman H., Hill S. R., Conduit J. What will it take for you to fix it yourself? The mediating effect of customer readiness on customer self-recovery [A]. // ANZAM Annual Conference Proceedings [C]. Perth, 2012.

[68] Allmendinger G., Lombreglia R. Four strategies for the age of smart services [J]. Harvard Business Review, 2005, 83 (10): 131-143.

[69] Anderson C., Berdahl J. L. The experience of power: Examining the effects of power on approach and inhibition tendencies [J]. Journal of Personality & Social Psychology, 2002, 83 (6): 1362-1377.

[70] Ariely D., Zakay D. A timely account of the role of duration in decision-making [J]. Acta Psychologica, 2001, 108 (2): 187-207.

[71] Arvidsson A. Brands: A critical perspective [J]. Journal of Consumer Culture, 2005, 5 (2): 235-258.

[72] Atzmüller C., Steiner P. M. Experimental vignette studies in survey research [J]. Methodology, 2010, 6 (3): 128-138.

[73] Auh S., Bell S. J., McLeod C. S., et al. Co-production and customer loyalty in financial services [J]. Journal of Retailing, 2007, 83 (3): 359-370.

[74] Aylott R., Mitchell V. W. An exploratory study of grocery shopping stressors [J]. International Journal of Retail & Distribution Management, 1998, 26 (9): 362-373.

[75] Azemi Y., Ozuem W. Online service failure and recovery strategy: The mediating role of social media [A]. // Competitive Social Media Strategies [C]. Hershey: IGI Global, 2016: 112-135.

[76] Bagherzadeh R., Rawal M., Wei S., et al. The journey from customer participation in service failure to co-creation in service recovery [J]. Journal of Retailing and Consumer Services, 2020, 54 (5).

[77] Baker J., Wakefield K. L. How consumer shopping orientation influences perceived crowding, excitement, and stress at the mall [J]. Journal of the Academy of Marketing Science, 2012, 40 (6): 791-806.

[78] Bandura A. Self-efficacy: The exercise of control [M]. New York: Worth Publishers, 1997.

[79] Bateson J. E. G. , Hui M. K. The ecological validity of photographic slides and videotapes in simulating the service setting [J]. Journal of Consumer Research, 1992, 19 (2): 271 -281.

[80] Bechwati N. N. , Morrin M. Outraged consumers: Getting even at the expense of getting a good deal [J]. Journal of Consumer Psychology, 2003, 13 (4): 440 -453.

[81] Belanche D. , Casaló L. V. , Flavián C. , et al. Robots or frontline employees?: Exploring customers' attributions of responsibility and stability after service failure or success [J]. Journal of Service Management, 2020, 31 (2): 267 -289.

[82] Bendapudi N. , Leone R. P. Psychological Implications of Customer Participation in Co-Production [J]. Journal of Marketing, 2003, 67 (1): 14 -28.

[83] Bettencourt L. A. , Ostrom A. L. , Roundtree B. R. I. Client Co-Production in Knowledge-Intensive Business Services [J]. California Management Review, 2002, 44 (4): 100 -128.

[84] Bitner M. J. , Booms B. H. , Mohr L. A. Critical service encounters: The employee's viewpoint [J]. Journal of Marketing, 1994, 58 (4): 95 -106.

[85] Bitner M. J. , Booms B. H. , Tetreault M. S. The service encounter: Diagnosing favorable and unfavorable incidents [J]. Journal of Marketing, 1990, 54 (1): 71 -84.

[86] Bitner M. J. , Brown S. W. , Meuter M. L. Technology infusion in service encounters [J]. Journal of the Academy of Marketing Science, 2000, 28 (1): 138 -149.

[87] Bitner M. J. Evaluating service encounters: The effects of physical surroundings and employee responses [J]. Journal of Marketing, 1990, 54 (2): 69 -82.

[88] Bitner M. J., Ostrom A. L., Meuter M. L. Implementing successful self-service technologies [J]. Academy of Management Perspectives, 2002, 16 (4): 96 - 108.

[89] Bitner M. J. Self-service technologies: What do customers expect? [J]. Marketing Management, 2001, 10 (1): 10 - 11.

[90] Bolton R. N., Grewal D., Levy M. Six strategies for competing through service: An agenda for future research [J]. Journal of Retailing, 2007, 83 (1): 1 - 4.

[91] Bonifield C., Cole C. Affective responses to service failure: Anger, regret, and retaliatory versus conciliatory responses [J]. Marketing Letters, 2007, 18 (1 - 2): 85 - 99.

[92] Bornet P., Barkin I., Wirtz J. Intelligent Automation: Learn How to Harness Artificial Intelligence to Boost Business & Make Our World More Human [M]. Amazon. com: Independently Published, 2020.

[93] Bues M., Steiner M., Stafflage M., et al. How mobile in-store advertising influences purchase intention: Value drivers and mediating effects from a consumer perspective [J]. Psychology & Marketing, 2017, 34 (2): 157 - 174.

[94] Byford S. My bank is now staffed by a helpful robot [EB/OL]. 2015 - 04 - 21.

[95] Campbell-Sills L., Cohan S. L., Stein M. B. Relationship of resilience to personality, coping, and psychiatric symptoms in young adults [J]. Behaviour Research and Therapy, 2006, 44 (4): 585 - 599.

[96] Carver C. S., Scheier M. F. On the self-regulation of behavior [M]. Cambridge: Cambridge University Press, 1998.

[97] Carver C. S., Scheier M. F., Weintraub J. K. Assessing coping strategies: A theoretically based approach [J]. Journal of Personality and Social Psychology, 1989, 56 (2): 267 - 283.

[98] Chang H. H., Tsai Y. C., Wong K. H., et al. The effects of response strategies and severity of failure on consumer attribution with regard to neg-

ative word-of-mouth [J]. Decision Support Systems, 2015, 71 (3): 48 -61.

[99] Chan H., Wan L. C. Consumer responses to service failures: A resource preference model of cultural influences [J]. Journal of International Marketing, 2008, 16 (1): 72 -97.

[100] Chell E., Pittaway L. A study of entrepreneurship in the restaurant and cafe industry: Exploratory work using the critical incident technique as a methodology [J]. International Journal of Hospitality Management, 1998, 17 (1): 23 -32.

[101] Chen C. C. V., Chen C. J. The role of customer participation for enhancing repurchase intention [J]. Management Decision, 2017, 55 (3): 547 -562.

[102] Chen C. Y. How customer participation influences service failure attribution [J]. Journal of Service Theory and Practice, 2018, 28 (3): 298 -314.

[103] Cheng W. A longitudinal study on self-service technology: Understanding customers' post-adoption experience [D]. Sydney: The University of New South Wales, 2012.

[104] Chen N., Mohanty S., Jiao J., et al. To err is human: Tolerate humans instead of machines in service failure [J]. Journal of Retailing and Consumer Services, 2021, 59.

[105] Claycomb C., Lengnick-Hall C. A., Inks L. W. The customer as a productive resource: A pilot study and strategic implications [J]. Journal of Business Strategies, 2001, 18 (1): 47 -69.

[106] Clee M. A., Wicklund R A. Consumer behavior and psychological reactance [J]. Journal of Consumer Research, 1980, 6 (4): 389 -405.

[107] Clough P., Strycharczyk D. Developing mental toughness: Improving performance, wellbeing and positive behaviour in others [M]. London: Kogan Page Publishers, 2012.

[108] Collier J. E., Breazeale M., White A. Giving back the "self" in self-service: Customer preferences in self-service failure recovery [J]. Journal of Services Marketing, 2017, 31 (6): 604 -617.

[109] Collier J. E., Moore R. S., Horky A., et al. Why the little things matter: Exploring situational influences on customers' self-service technology decisions [J]. Journal of Business Research, 2015, 68 (3): 703-710.

[110] Connor K. M., Davidson J. R. T. Development of a new resilience scale: The Connor-Davidson resilience scale (CD-RISC) [J]. Depression and Anxiety, 2003, 18 (2): 76-82.

[111] Cortiñas M., Chocarro R., Elorz M. Omni-channel users and omni-channel customers: A segmentation analysis using distribution services [J]. Spanish Journal of Marketing-ESIC, 2019, 23 (3): 415-436.

[112] Cova B., Dalli D. Working consumers: The next step in marketing theory? [J]. Mpra Paper, 2009, 9 (3): 315-339.

[113] Crisafulli B., Singh J. Service failures in E-retailing: Examining the effects of response time, compensation, and service criticality [J]. Computers in Human Behavior, 2017, 77 (10): 413-424.

[114] Crolic C., Thomaz F., Hadi R., et al. Blame the bot: Anthropomorphism and anger in customer-chatbot interactions [J]. Journal of Marketing, 2022, 86 (1): 132-148.

[115] Crook J. Starwood introduces robotic butlers at aloft hotel in cupertino [EB/OL]. 2014-08-13.

[116] Crust L., Azadi K. Mental toughness and athletes' use of psychological strategies [J]. European Journal of Sport Science, 2010, 10 (1): 43-51.

[117] Curran J. M., Meuter M. L. Encouraging existing customers to switch to self-service technologies: Put a little fun in their lives [J]. Journal of Marketing Theory and Practice, 2007, 15 (4): 283-298.

[118] Curran J. M., Meuter M. L., Surprenant C. F. Intentions to use self-service technologies: A confluence of multiple attitudes [J]. Journal of Service Research, 2003, 5 (3): 209-224.

[119] Dabholkar P. A., Bagozzi R. P. An attitudinal model of technology-based self-service: Moderating effects of consumer traits and situational factors

[J]. Journal of the Academy of Marketing Science, 2002, 30 (3): 184 -201.

[120] Dabholkar P. A., Bobbitt L. M., Lee E. J. Understanding consumer motivation and behavior related to self-scanning in retailing. Implications for strategy and research on technology-based self-service [J]. International Journal of Service Industry Management, 2003, 14 (1): 59 -95.

[121] Dabholkar P. A., Spaid B. I. Service failure and recovery in using technology-based self-service: Effects on user attributions and satisfaction [J]. Service Industries Journal, 2012, 32 (9 -10): 1415 -1432.

[122] Dahl D. W., Honea H., Manchanda R. V. The nature of self-reported guilt in consumption contexts [J]. Marketing Letters, 2003, 14 (3): 159 -171.

[123] Dao H. M., Theotokis A. Self-service technology recovery: The effect of recovery initiation and locus of responsibility [J]. Journal of Interactive Marketing, 2021, 54 (5): 25 -39.

[124] Das G., Varshneya G. Consumer emotions: Determinants and outcomes in a shopping mall [J]. Journal of Retailing and Consumer Services, 2017, 38 (9): 177 -185.

[125] Davis L. K. Hilton and IBM pilot "Connie," the world's first watson-enabled hotel concierge robot [EB/OL]. 2016 -03 -09.

[126] De Keyser A., Koecher S., Alkire L., et al. Frontline service technology infusion: Conceptual archetypes and future research directions [J]. Journal of Service Management, 2019, 30 (1): 156 -183.

[127] De Matos C. A., Rossi C. A. V., Veiga R. T., et al. Consumer reaction to service failure and recovery: The moderating role of attitude toward complaining [J]. Journal of Services Marketing, 2009, 23 (7): 462 -475.

[128] DeWitt T., Nguyen D. T., Marshall R. Exploring customer loyalty following service recovery: The mediating effects of trust and emotions [J]. Journal of Service Research, 2008, 10 (3): 269 -281.

[129] Dion D. Personal control and coping with retail crowding [J]. Inter-

national Journal of Service Industry Management, 2004, 15 (3): 250 - 263.

[130] Djelassi S., Diallo M. F., Zielke S. How self-service technology experience evaluation affects waiting time and customer satisfaction?: A moderated mediation model [J]. Decision Support Systems, 2018, 111 (7): 38 - 47.

[131] Dong B., Sivakumar K. A process-output classification for customer participation in services [J]. Journal of Service Management, 2015, 26 (5): 726 - 750.

[132] Dong B., Evans B. K. R., Zou S. What if a co-produced service fails?: An investigation of customer participation in service recovery [A]. // 2011 AMA Educators' Proceedings [C]. Chicago: Curran Associates Inc, 2012: 464 - 465.

[133] Dong B., Evans K. R., Zou S. The effects of customer participation in co-created service recovery [J]. Journal of the Academy of Marketing Science, 2008, 36 (1): 123 - 137.

[134] Dong B., Sivakumar K. Customer participation in services: Domain, scope, and boundaries [J]. Journal of the Academy of Marketing Science, 2017, 45 (6): 944 - 965.

[135] Dong B., Sivakumar K., Evans K. R., et al. Effect of customer participation on service outcomes: The moderating role of participation readiness [J]. Journal of Service Research, 2015, 18 (2): 160 - 176.

[136] Donovan R. J., Rossiter J. R., Marcoolyn G., et al. Store atmosphere and purchasing behavior [J]. Journal of Retailing, 1994, 70 (3): 283 - 294.

[137] Duffy J. A. M., Miller J. M., Bexley J. B. Banking customers' varied reactions to service recovery strategies [J]. International Journal of Bank Marketing, 2006, 24 (2): 112 - 132.

[138] Duhachek A. Coping: A multidimensional, hierarchical framework of responses to stressful consumption episodes [J]. Journal of Consumer Research, 2005, 32 (1): 41 - 53.

[139] Duhachek A., Iacobucci D. Consumer personality and coping:

Testing rival theories of process [J]. Journal of Consumer Psychology, 2005, 15 (1): 52 -63.

[140] Duhachek A., Kelting K. Coping repertoire: Integrating a new conceptualization of coping with transactional theory [J]. Journal of Consumer Psychology, 2009, 19 (3): 473 -485.

[141] Duhachek A., Oakley J. L. Mapping the hierarchical structure of coping: Unifying empirical and theoretical perspectives [J]. Journal of Consumer Psychology, 2007, 17 (3): 216 -233.

[142] Edwards R. Robot butler piloted at California hotel [EB/OL]. 2017 -11 -16.

[143] Elliott K. M., Hall M. C. Assessing consumers' propensity to embrace self-service technologies: Are there gender differences? [J]. The Marketing Management Journal, 2005, 15 (2): 98 -107.

[144] E-marketer. Online consumers in the US [EB/OL]. 2001.

[145] Ennew, Christine T., Martin R. Binks. Impact of participative service relationships on quality, satisfaction and retention: An exploratory study [J]. Journal of Business Research, 1999, 46 (2): 121 -132.

[146] Entis L. JetBlue and delta are testing facial recognition and fingerprints to replace boarding passes [EB/OL]. 2017 -07 -01.

[147] Eroglu S. A., Machleit K., Barr T. F. Perceived retail crowding and shopping satisfaction: The role of shopping values [J]. Journal of Business Research, 2006, 58 (8): 1146 -1153.

[148] Fan A., Wu L., Miao L., et al. When does technology anthropomorphism help alleviate customer dissatisfaction after a service failure?: The moderating role of consumer technology self-efficacy and interdependent self-construal [J]. Journal of Hospitality Marketing & Management, 2020, 29 (3): 269 -290.

[149] Fast N. J, Sivanathan N., Mayer N. D., et al. Power and overconfident decision-making [J]. Organizational Behavior and Human Decision

Processes, 2012, 117 (2): 249 - 260.

[150] Feng W., Tu R., Lu T., et al. Understanding forced adoption of self-service technology: The impacts of users' psychological reactance [J]. Behaviour & Information Technology, 2019, 38 (8): 820 - 832.

[151] Ferreira M. C. O., Brandão M. M., Bizarrias F. S. Understanding consumer's responses to negative emotions related to crowding on satisfaction and impulse purchase in retail: The mediating role of coping [J]. Revista de Administração (São Paulo), 2017, 52 (4): 431 - 442.

[152] Folkes V. S. Consumer reactions to product failure: An attributional approach [J]. Journal of Consumer Research, 1984, 10 (4): 398 - 409.

[153] Folkes V. S. Recent attribution research in consumer behavior: A review and new directions [J]. Journal of Consumer Research, 1988, 14 (4): 548 - 565.

[154] Folkman S., Lazarus R. S. An analysis of coping in a middle-aged community sample [J]. Journal of Health and Social Behavior, 1980, 21 (3): 219 - 239.

[155] Folkman S., Lazarus R. S., Dunkel-Schetter C., et al. Dynamics of a stressful encounter: Cognitive appraisal, coping, and encounter outcomes [J]. Journal of Personality and Social Psychology, 1986, 50 (5): 992 - 1003.

[156] Forbes L. P. When something goes wrong and no one is around: Non-Internet self-service technology failure and recovery [J]. Journal of Services Marketing, 2008, 22 (4): 316 - 327.

[157] Fortune Business Insights. Service robotics market size report and industry forecast [EB/OL]. 2020 - 10 - 01.

[158] Freedman J. L., Klevansky S., Ehrlich P. R. The effect of crowding on human task performance [J]. Journal of Applied Social Psychology, 1971, 1 (1): 7 - 25.

[159] Friedman R. A., Currall S. C. Conflict escalation: Dispute exacerbating elements of e-mail communication [J]. Human Relations, 2003, 56 (11):

1325 – 1347.

[160] Gabbott M., Tsarenko Y., Mok W. H. Emotional intelligence as a moderator of coping strategies and service outcomes in circumstances of service failure [J]. Journal of Service Research, 2011, 14 (2): 234 – 248.

[161] Galvagno M., Dalli D. Theory of value co-creation: A systematic literature review [J]. Managing Service Quality, 2014, 24 (6): 643 – 683.

[162] Gao L., Bai X. Online consumer behaviour and its relationship to website atmospheric induced flow: Insights into online travel agencies in China [J]. Journal of Retailing and Consumer Services, 2014, 21 (4): 653 – 665.

[163] Gelbrich K. Anger, frustration, and helplessness after service failure: Coping strategies and effective informational support [J]. Journal of Academy of Marketing Science, 2010, 38: 567 – 585.

[164] Gelbrich K., Sattler B. Anxiety, crowding, and time pressure in public self-service technology acceptance [J]. Journal of Services Marketing, 2014, 28 (1): 82 – 94.

[165] Gernigon C., Delloye J. B. Self-efficacy, causal attribution, and track athletic performance following unexpected success or failure among elite sprinters [J]. Sport Psychologist, 2003, 17 (1): 55 – 76.

[166] Gibson E. Linguistic complexity: Locality of syntactic dependencies [J]. Cognition, 1998, 68 (1): 1 – 76.

[167] Goode S. Confront, accept or reinterpret?: Coping mediation effects on attribution in cloud service failure [J]. Journal of Organizational Computing and Electronic Commerce, 2020, 30 (4): 335 – 360.

[168] Goode S. Engagement and disengagement in online service failure: Contrasting problem and emotional coping effects [J]. Journal of Internet Commerce, 2012, 11 (3): 226 – 253.

[169] Grégoire Y., Tripp T. M., Legoux R. When customer love turns into lasting hate: The effects of relationship strength and time on customer revenge and avoidance [J]. Journal of Marketing, 2009, 73 (6): 18 – 32.

[170] Gärling T., Krause K., Gamble A., et al. Emotional well-being and time pressure [J]. PsyCh Journal, 2014, 3 (2): 132-143.

[171] Gronroos C. Service quality: The six criteria of good perceived service quality [J]. Review of Business, 1988, 9 (8): 10-13.

[172] Grossbart S., Hampton R., Rammohan B., et al. Environmental dispositions and customer response to store atmospherics [J]. Journal of Business Research, 1990, 21 (3): 225-241.

[173] Groth M. Customers as good soldiers: Examining citizenship behaviors in internet service deliveries [J]. Journal of Management, 2005, 31 (1): 7-27.

[174] Guardian, The Japan's robot hotel: A dinosaur at reception, a machine for room service [EB/OL]. 2015-07-16.

[175] Guo L., Lotz S. L., Tang C., et al. The role of perceived control in customer value cocreation and service recovery evaluation [J]. Journal of Service Research, 2016, 19 (1): 39-56.

[176] Hair J. F., Black W. C., Babin B. J., et al. Multivariate data analysis [M]. 6th ed. New Jersey: Pearson Prentice Hall, 2006.

[177] Ha J., Jang S. C. S. Perceived justice in service recovery and behavioral intentions: The role of relationship quality [J]. International Journal of Hospitality Management, 2009, 28 (3): 319-327.

[178] Harrell G. D., Hutt M. D., Anderson J. C. Path analysis of buyer behavior under conditions of crowding [J]. Journal of Marketing Research, 1980, 17 (1): 45-51.

[179] Harris K. E., Grewal D., Mohr L. A., et al. Consumer responses to service recovery strategies: The moderating role of online versus offline environment [J]. Journal of Business Research, 2006, 59 (4): 425-431.

[180] Harris K. E., Mohr L. A., Bernhardt K. L. Online service failure, consumer attributions and expectations [J]. Journal of Services Marketing, 2006, 20 (7): 453-458.

［181］ Hart C. W. , Heskett J. L. , Sasser J. W. E. The profitable art of service recovery ［J］. Harvard Business Review, 1990, 68 (4): 148 -156.

［182］ Hazan C. , Shaver P. Romantic love conceptualized as an attachment process ［J］. Journal of Personality and Social Psychology, 1987, 52 (3): 511 -524.

［183］ Heidenreich S. , Wittkowski K. , Handrich M. , et al. The dark side of customer co-creation: Exploring the consequences of failed co-created services ［J］. Journal of the Academy of Marketing Science, 2015, 43 (3): 279 -296.

［184］ Hess Jr R. L. , Ganesan S. , Klein N. M. Service failure and recovery: The impact of relationship factors on customer satisfaction ［J］. Journal of the Academy of Marketing Science, 2003, 31 (2): 127 -145.

［185］ Hess R. L. The impact of firm reputation and failure severity on customers' responses to service failures ［J］. Journal of Services Marketing, 2008, 22 (5), 385 -398.

［186］ Higgins E. T. Beyond pleasure and pain ［J］. American Psychologist, 1997, 52 (12): 1280.

［187］ Holloway B. B. , Beatty S. E. Service failure in online retailing a recovery opportunity ［J］. Journal of Service Research, 2003, 6 (1): 92 -105.

［188］ Honig S. , Oron-Gilad T. Understanding and resolving failures in human-robot interaction: Literature review and model development ［J］. Frontiers in Psychology, 2018, 9 (6): 1 -21.

［189］ Hsieh A. T. , Yen C. H. , Chin K. C. Participative customers as partial employees and service provider workload ［J］. International Journal of Service Industry Management, 2004, 15 (2): 187 -199.

［190］ Hsin Chang H. , Wen Chen S. The impact of online store environment cues on purchase intention: Trust and perceived risk as a mediator ［J］. Online Information Review, 2008, 32 (6): 818 -841.

［191］ Hsu P. F. , Nguyen T. K. , Huang J. Y. Value co-creation and co-

destruction in self-service technology: A customer's perspective [J]. Electronic Commerce Research and Applications, 2021, 46 (3-4).

[192] Huang B., Philp M. When AI-based services fail: Examining the effect of the self-AI connection on willingness to share negative word-of-mouth after service failures [J]. Service Industries Journal, 2020, 40 (4): 1-23.

[193] Huang M. H., Rust R. T. Artificial intelligence in service [J]. Journal of Service Research, 2018, 21 (2): 155-172.

[194] Huang Y. S. S., Dootson P. Chatbots and service failure: When does it lead to customer aggression [J]. Journal of Retailing and Consumer Services, 2022 (68): 103044.

[195] Hui M. K., Bateson J. E. G. Perceived control and the effects of crowding and consumer choice on the service experience [J]. Journal of Consumer Research, 1991, 18 (2): 174-184.

[196] Hui M. K. M., Bateson J. E. G. Testing a theory of crowding in the service environment [J]. Advances in Consumer Research, 1990, 17 (1): 866-873.

[197] Hui M. K., Toffoli R. Perceived control and consumer attribution for the service encounter [J]. Journal of Applied Social Psychology, 2002, 32 (9): 1825-1844.

[198] Iglesias V., Varela-Neira C., Vázquez-Casielles R. Why didn't it work out?: The effects of attributions on the efficacy of recovery strategies [J]. Journal of Service Theory & Practice, 2015, 25 (6): 700-724.

[199] Ivanov S. H., Webster C., Berezina K. Adoption of robots and service automation by tourism and hospitality companies [J]. Revista Turismo & Desenvolvimento, 2017, 27 (28): 1501-1517.

[200] Izard C. E. Human emotions [M]. Berlin: The Springer Press, 1977.

[201] Jin Y., Hong S. Y. Explicating crisis coping in crisis communication [J]. Public Relations Review, 2010, 36 (4): 352-360.

[202] Johnson D. S., Bardhi F., Dunn D. T. Understanding how technology paradoxes affect customer satisfaction with self-service technology: The role of performance ambiguity and trust in technology [J]. Psychology & Marketing, 2008, 25 (5): 416 -443.

[203] Johnston T. C., Hewa M. A. Fixing service failures [J]. 1997, 26 (5): 467 -473.

[204] Kaiseler M., Polman R., Nicholls A. Mental toughness, stress, stress appraisal, coping and coping effectiveness in sport [J]. Personality & Individual Differences, 2009, 47 (7): 728 -733.

[205] Keaveney S. M. Customer switching behavior in service industries: An exploratory study [J]. Journal of Marketing, 1995, 59 (2): 71 -82.

[206] Keinan G., Friedland N., Ben-Porath Y. Decision making under stress: Scanning of alternatives under physical threat [J]. Acta Psychologica, 1987, 64 (3): 219 -228.

[207] Kelley H. H. The process of causal attribution [J]. American Psychologist, 1973, 28 (2): 107 -128.

[208] Kelly P., Lawlor J., Mulvey M. Customer roles in self-service technology encounters in a tourism context [J]. Journal of Travel & Tourism Marketing, 2017, 34 (2): 222 -238.

[209] Kelly P., Lawlor J., Mulvey M. Self-service technologies: Service failures and recovery [A]. // Service failures and recovery in tourism and hospitality: A practical manual [C]. Oxford: CABI, 2017: 100 -121.

[210] Kelso A. Self-order kiosks are finally having a moment in the fast-food space [EB/OL]. 2019 -07 -30.

[211] Keltner D., Gruenfeld D. H., Anderson C. Power, approach, and inhibition [J]. Psychological Review, 2003, 110 (2): 265 -284.

[212] Klein J., Dawar N. Corporate social responsibility and consumers' attributions and brand evaluations in a product-harm crisis [J]. International Journal of Research in Marketing, 2004, 21 (3): 203 -217.

[213] Kobasa S. C. Stressful life events, personality, and health: An inquiry into hardiness [J]. Journal of Personality and Social Psychology, 1979, 37 (1): 1-11.

[214] Kunz W. H., Heinonen K., Lemmink J. G. A. M. Future service technologies: Is service research on track with business reality? [J]. Journal of Services Marketing, 2019, 33 (4): 479-487.

[215] Langer E. J., Saegert S. Crowding and cognitive control [J]. Journal of Personality and Social Psychology, 1977, 35 (3): 175-182.

[216] Larivière B., Bowen D., Andreassen T. W., et al. "Service encounter 2.0": An investigation into the roles of technology, employees and customers [J]. Journal of Business Research, 2017, 79 (10): 238-246.

[217] La S., Choi B. Perceived justice and CSR after service recovery [J]. Journal of Services Marketing, 2019, 33 (2): 206-219.

[218] Lawlor J., Kelly P., Mulvey M. Understanding customer actions during self-service technology failures in multichannel service environments [A]. //Tourism and Travel Research Association (TTRA) Conference [C]. Dublin, 2013.

[219] Lazarus R. S., Folkman S. Stress, appraisal, and coping [M]. New York: Springer Publishing Company, 1984.

[220] Lee B., Cranage D. A. Causal attributions and overall blame of self-service technology (SST) failure: Different from service failures by employee and policy [J]. Journal of Hospitality Marketing & Management, 2018, 27 (1): 61-84.

[221] Lee H. J., Cho H. J., Xu W., et al. The influence of consumer traits and demographics on intention to use retail self-service checkouts [J]. Marketing Intelligence & Planning, 2010, 28 (1): 46-58.

[222] Leng H. K., Wee K. N. L. An examination of users and non-users of self-checkout counters [J]. The International Review of Retail, Distribution and Consumer Research, 2017, 27 (1): 94-108.

[223] Lengnick-Hall C. A. Customer contributions to quality: A different view of the customer-oriented firm [J]. Academy of Management Review, 1996, 21 (3): 791 - 824.

[224] Levav J., Zhu R. Seeking freedom through variety [J]. Journal of Consumer Research, 2009, 36 (4): 600 - 610.

[225] Levesque T. J., McDougall G. H. G. Service problems and recovery strategies: An experiment [J]. Canadian Journal of Administrative Sciences, 2000, 17 (1): 20 - 37.

[226] Li J. G. T., Kim J. O., Lee S. Y. An empirical examination of perceived retail crowding, emotions, and retail outcomes [J]. The Service Industries Journal, 2009, 29 (5): 635 - 652.

[227] Lim J. Attribution of service failures with SST (Self-Service Technology), does it matter [J]. Review of Business Research, 2012, 12 (1): 80 - 89.

[228] Lin J., Hsieh P. Assessing the self-service technology encounters: Development and validation of SSTQUAL scale [J]. Journal of Retailing, 2011, 87 (2): 194 - 206.

[229] Lin W. B. Construction of a service failure severity and recovery model [J]. Expert Systems with Applications, 2011, 38 (10): 12221 - 12230.

[230] Liu S. Non-internet self-service technology failures and recoveries: Comparing China with the United States [J]. Service Business, 2013, 7 (3): 399 - 417.

[231] Liu S. Q., Mattila A. S. Apple Pay: Coolness and embarrassment in the service encounter [J]. International Journal of Hospitality Management, 2019, 78 (4): 268 - 275.

[232] Liu S. The impact of forced use on customer adoption of self-service technologies [J]. Computers in Human Behavior, 2012, 28 (4): 1194 - 1201.

[233] Lovelock C. H., Young R F. Look to consumers to increase productivity [J]. Harvard Business Review, 1979, 57 (3): 168 - 178.

[234] Luce M. F., Bettman J. R., Payne J. W. Emotional decisions:

Tradeoff difficulty and coping in consumer choice [M]. Chicago: The University of Chicago Press, 2001.

[235] Lukas P. Forbes, Scott W. Kelley K. Douglas Hoffman. Typologies of e-commerce retail failures and recovery strategies [J]. Journal of Services Marketing, 2005, 19 (5): 280 - 292.

[236] Luthans F., Avolio B. J., Avey J. B., et al. Positive psychological capital: Measurement and relationship with performance and satisfaction [J]. Personnel Psychology, 2007, 60 (3): 541 - 572.

[237] Luthans F., Norman S. M., Avolio B. J., et al. The mediating role of psychological capital in the supportive organizational climate-employee performance relationship [J]. Journal of Organizational Behavior, 2008, 29 (2): 219 - 238.

[238] Machleit K. A., Eroglu S. A., Mantel S. P. Perceived retail crowding and shopping satisfaction: What modifies this relationship? [J]. Journal of Consumer Psychology, 2000, 9 (1): 29 - 42.

[239] Mackingtosh E., West S., Saegert S. Two studies of crowding in urban public spaces [J]. Environment and Behavior, 1975, 7 (2): 159 - 184.

[240] Mattila A. S., Cho W., Ro H. C. The role of self-service technologies in restoring justice [J]. Journal of Business Research, 2011, 64 (4): 348 - 355.

[241] Mattila A. S., Cho W., Ro H. The joint effects of service failure mode, recovery effort, and gender on customers' post-recovery satisfaction [J]. Journal of Travel & Tourism Marketing, 2009, 26 (2): 120 - 128.

[242] Mattila A. S., Wirtz J. The role of store environmental stimulation and social factors on impulse purchasing [J]. Journal of Services Marketing, 2008, 22 (7): 562 - 567.

[243] Maxham J. G., Netemeyer R G. A longitudinal study of complaining customers' evaluations of multiple service failures and recovery efforts [J]. Journal of Marketing, 2002, 66 (4): 57 - 71.

[244] Mazursky D., Jacoby J. Exploring the development of store images [J]. Journal of Retailing, 1986, 62 (2): 145 - 165.

[245] McColl-Kennedy J. R., Sparks B. A. Application of fairness theory to service failures and service recovery [J]. Journal of Service Research, 2003, 5 (3), 251 - 266.

[246] McCollough M. A., Berry L. L., Yadav M. S. An empirical investigation of customer satisfaction after service failure and recovery [J]. Journal of Service Research, 2000, 3 (2): 121 - 137.

[247] McDougall G. H. G., Levesque T. Customer satisfaction with services: Putting perceived value into the equation [J]. Journal of Services Marketing, 2000, 14 (5): 392 - 410.

[248] Mehrabian A., Russell J. A. An approach to environmental psychology [M]. Boston: The MIT Press, 1974.

[249] Mehta R., Sharma N. K., Swami S. The impact of perceived crowding on consumers' store patronage intentions: Role of optimal stimulation level and shopping motivation [J]. Journal of Marketing Management, 2013, 29 (7 - 8): 812 - 835.

[250] Mende M., Scott M. L., Van Doorn J., et al. Service robots rising: How humanoid robots influence service experiences and elicit compensatory consumer responses [J]. Journal of Marketing Research, 2019, 56 (4): 535 - 556.

[251] Meuter M. L., Bitner M. J., Brown O. S. W. Choosing among alternative service delivery modes: An investigation of customer trial of self-service technologies [J]. Journal of Marketing, 2005, 69 (2): 61 - 83.

[252] Meuter M. L., Bitner M. J. Self-service technologies: Extending service frameworks and identifying issues for research [A]. //Conference proceedings of American marketing association [C]. Chicago: American Marketing Association, 1998: 12 - 19.

[253] Meuter M. L., Ostrom A. L., Bitner M. J., et al. The influence of

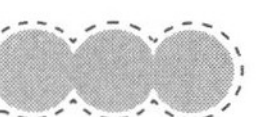

technology anxiety on consumer use and experiences with self-service technologies [J]. Journal of Business Research, 2003, 56 (11): 899 - 906.

[254] Meuter M. L., Ostrom A. L., Roundtree R. I, et al. Self-service technologies: Understanding customer satisfaction with technology-based service encounters [J]. Journal of Marketing, 2000, 64 (3): 50 - 64.

[255] Mick D. G., Fournier S. Paradoxes of technology: Consumer cognizance, emotions, and coping strategies [J]. Journal of Consumer Research, 1998, 25 (2): 123 - 143.

[256] Mills P. K., Morris J. H. Clients as "partial" employees of service organizations: Role development in client participation [J]. Academy of Management Review, 1986, 11 (4): 726 - 735.

[257] Molloy M. Useless robot waiters fired for incompetence in China [EB/OL]. 2016 - 04 - 11.

[258] Mourali M., Nagpal A. The powerful select, the powerless reject: Power's influence in decision strategies [J]. Journal of Business Research, 2013, 66 (7): 874 - 880.

[259] Mustak M., Jaakkola E., Halinen A. Customer participation and value creation: A systematic review and research implications [J]. Managing Service Quality: An International Journal, 2013, 23 (4): 341 - 359.

[260] Mustak M., Jaakkola E., Halinen A., et al. Customer participation management: Developing a comprehensive framework and a research agenda [J]. Journal of Service Management, 2016, 27 (3): 250 - 275.

[261] Namkung Y., Jang S. C. Effects of perceived service fairness on emotions, and behavioral intentions in restaurants [J]. European Journal of Marketing, 2010, 44 (9/10): 1233 - 1259.

[262] Nicholls A. R., Polman R., Levy A. R., et al. Stressors, coping, and coping effectiveness: Gender, type of sport, and skill differences [J]. Journal of Sports Sciences, 2007, 25 (13): 1521 - 1530.

[263] Nielsen M. B., Knardahl S. Coping strategies: A prospective study

of patterns, stability, and relationships with psychological distress [J]. Scandinavian Journal of Psychology, 2014, 55 (2): 142 -150.

[264] Nijssen E. J., Schepers J. J. L., Belanche D. Why did they do it?: How customers' self-service technology introduction attributions affect the customer-provider relationship [J]. Journal of Service Management, 2009, 27 (3): 276 -298.

[265] Nili A., Tate M., Johnstone D., et al. Consumer's persistence in solving their own problem with self-service technology [A]. // Proceedings of the 25th Australasian Conference on Information Systems [C]. Auckland, 2014.

[266] Nili A., Tate M., Johnstone D. The process of solving problems with self-service technologies: A study from the user's perspective [J]. Electronic Commerce Research, 2019, 19 (2): 373 -407.

[267] Oh H., Jeong M., Baloglu S. Tourists' adoption of self-service technologies at resort hotels [J]. Journal of Business Research, 2013, 66 (6): 692 -699.

[268] Oliver R. L. Satisfaction: A behavioral perspective on the consumer [M]. New York: McGraw-Hill, 2014.

[269] Ong A. D., Bergeman C. S., Bisconti T. L., et al. Psychological resilience, positive emotions, and successful adaptation to stress in later life [J]. Journal of Personality and Social Psychology, 2006, 91 (4): 730 -749.

[270] Pacheco N. A., Geuens M., Pizzutti C. Whom do customers blame for a service failure?: Effects of thought speed on causal locus attribution [J]. Journal of Retailing and Consumer Services, 2018, 40 (1): 60 -65.

[271] Paluch S., Wirtz J., Kunz W. H. Service robots and the future of services [A]. //Marketing Weiterdenken [C]. Wiesbaden: Springer Gabler, 2020: 423 -435.

[272] Pan Y., Siemens J. C. The differential effects of retail density: An investigation of goods versus service settings [J]. Journal of Business Research,

2011, 64 (2): 105 - 112.

[273] Park M. J., Kim M. J. A Cross-cultural analysis of online satisfaction, service failure and recovery: An EAS-QUAL approach [J]. Journal of the Korean Society of Clothing and Textiles, 2011, 35 (6): 700 - 711.

[274] Pawlowski A. Airline to charge boarding pass fee [EB/OL]. 2011 - 07 - 21.

[275] Pieters R., Warlop L. Visual attention during brand choice: The impact of time pressure and task motivation [J]. International Journal of Research in Marketing, 1999, 16 (1): 1 - 16.

[276] Pitelis C., Teece D. The (new) nature and essence of the firm [J]. MPRA Paper, 2011, 6 (1): 5 - 15.

[277] Plé L. Why do we need research on value co-destruction [J]. Journal of Creating Value, 2017, 3 (2): 162 - 169.

[278] Pons F., Laroche M., Mourali M. Consumer reactions to crowded retail settings: Cross-cultural differences between North America and the Middle East [J]. Psychology & Marketing, 2006, 23 (7): 555 - 572.

[279] Prahalad C. K., Ramaswamy V. Co-opting customer competence [J]. Harvard Business Review, 2000, 78 (1): 79 - 90.

[280] Preacher K. J., Hayes A. F. SPSS and SAS procedures for estimating indirect effects in simple mediation models [J]. Behavior Research Methods Instruments & Computers, 2004, 36 (4): 717 - 731.

[281] Pujari D. Self-service with a smile?: Self-service technology (SST) encounters among Canadian business-to-business [J]. International Journal of Service Industry Management, 2004, 15 (2): 200 - 219.

[282] Rapoport A. Toward a redefinition of density [J]. Environment and Behavior, 1975, 7 (2): 133 - 158.

[283] Reinders M. J., Dabholkar P. A., Frambach R. T. Consequences of forcing consumers to use technology-based self-service [J]. Journal of Service Research, 2008, 11 (2): 107 - 123.

[284] Reinders M. J., Frambach R., Kleijnen M. Mandatory use of technology-based self-service: Does expertise help or hurt? [J]. European Journal of Marketing, 2015, 49 (1/2): 190-211.

[285] Riaz Z., Khan M. I. Impact of service failure severity and agreeableness on consumer switchover intention: Mediating role of consumer forgiveness [J]. Asia Pacific Journal of Marketing and Logistics, 2016, 28 (3): 420-434.

[286] Robbennolt J. K. Outcome severity and judgments of "responsibility": A meta-analytic review [J]. Journal of Applied Social Psychology, 2000, 30 (12): 2575-2609.

[287] Robert D., John R. Store atmosphere: An environmental psychology approach [J]. Journal of Retailing, 1982, 58 (1): 34-57.

[288] Robertson N., McQuilken L., Kandampully J. Consumer complaints and recovery through guaranteeing self-service technology [J]. Journal of Consumer Behaviour, 2012, 11 (1): 21-30.

[289] Robertson N., Shaw R. N. Conceptualizing the influence of the self-service technology context on consumer voice [J]. Services Marketing Quarterly, 2006, 27 (2): 33-50.

[290] Robertson N., Shaw R. N. Predicting the likelihood of voiced complaints in the self-service technology context [J]. Journal of Service Research, 2009, 12 (1): 100-116.

[291] Roggeveen A. L., Tsiros M., Grewal D. Understanding the co-creation effect: When does collaborating with customers provide a lift to service recovery? [J]. Journal of the Academy of Marketing Science, 2012, 40 (6): 771-790.

[292] Roxburgh S. "There just aren't enough hours in the day": The mental health consequences of time pressure [J]. Journal of Health and Social Behavior, 2004, 45 (2): 115-131.

[293] Santos B. S., Júnior M. C., Nunes M. A. S. N. Approaches for generating empathy: A systematic mapping [A]. // Information Technology-

New Generations [C]. New York: Springer, 2018: 715 -722.

[294] Sengupta A. S., Balaji M. S., Krishnan B. C. How customers cope with service failure?: A study of brand reputation and customer satisfaction [J]. Journal of Business Research, 2015, 68 (3): 665 -674.

[295] Severinson-Eklundh K., Green A., Hüttenrauch H. Social and collaborative aspects of interaction with a service robot [J]. Robotics and Autonomous Systems, 2003, 42 (3/4): 223 -234.

[296] Shapiro T., Nieman-Gonder J. Effect of communication mode in justice-based service recovery [J]. Managing Service Quality, 2006, 16 (2): 124 -144.

[297] Shep Hyken. What customers want and expect [EB/OL]. 2018 -08 -05.

[298] Sherrod D. R. Crowding, perceived control, and behavioral aftereffects 1 [J]. Journal of Applied Social Psychology, 1974, 4 (2): 171 -186.

[299] Shim H. S., Han S. L., Ha J. The effects of consumer readiness on the adoption of self-service technology: Moderating effects of consumer traits and situational factors [J]. Sustainability, 2020, 13 (1): 1 -17.

[300] Shuptrine F. K. On the validity of using students as subjects in consumer behavior investigations [J]. The Journal of Business, 1975, 48 (3): 383 -390.

[301] Sinha J., Lu F. C. "I" value justice, but "we" value relationships: Self-construal effects on post-transgression consumer forgiveness [J]. Journal of Consumer Psychology, 2016, 26 (2): 265 -274.

[302] Skallerud K., Korneliussen T., Olsen S. O. An examination of consumers' cross-shopping behavior [J]. Journal of Retailing and Consumer Services, 2009, 16 (3): 181 -189.

[303] Skourtis G., Décaudin J. M., Assiouras I., et al. Does the co-creation of service recovery create value for customers?: The underlying mechanism of motivation and the role of operant resources [J]. European Management

Review, 2019, 16 (4): 997 -1013.

[304] Sloot L. M., Verhoef P. C., Franses P. H. The impact of brand equity and the hedonic level of products on consumer stock-out reactions [J]. Journal of Retailing, 2005, 81 (1): 15 -34.

[305] Sloot L. M., Verhoef P. C. The impact of brand delisting on store switching and brand switching intentions [J]. Journal of Retailing, 2008, 84 (3): 281 -296.

[306] Smith A. K., Bolton R. N. An experimental investigation of customer reactions to service failure and recovery encounters: Paradox or peril? [J]. Journal of Service Research, 1998, 1 (1): 65 -81.

[307] Smith A. K., Bolton R. N. The effect of customers' emotional responses to service failures on their recovery effort evaluations and satisfaction judgments [J]. Journal of the Academy of Marketing Science, 2002, 30 (1): 5 -23.

[308] Smith A. K., Bolton R. N., Wagner J. A model of customer satisfaction with service encounters involving failure and recovery [J]. Journal of Marketing Research, 1999, 36 (3): 356 -372.

[309] Smith P. K., Bargh J. A. Nonconscious effects of power on basic approach and avoidance tendencies [J]. Social cognition, 2008, 26 (1): 1 -24.

[310] Snellman K., Vihtkari T. Customer complaining behaviour in technology-based service encounters [J]. International Journal of Service Industry Management, 2003, 14 (2): 217 -231.

[311] Sousa R., Voss C. A. The effects of service failures and recovery on customer loyalty in e-services: An empirical investigation [J]. International Journal of Operations & Production Management, 2009, 29 (7 -8): 834 -864.

[312] Southan J. British airways installs big brother-style facial recognition gates at more US airports [EB/OL]. 2018 -03 -09.

[313] Spreng R. A., Harrell G. D., Mackoy R. D. Service recovery: Impact on satisfaction and intentions [J]. Journal of Services Marketing, 1995, 9

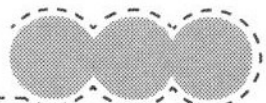

(1): 15-23.

[314] Stokols D. A social-psychological model of human crowding phenomena [J]. Journal of the American Institute of Planners, 1972, 38 (2): 72-83.

[315] Stokols D. On the distinction between density and crowding [J]. Psychological Review, 1972, 79 (3): 275-277.

[316] Strizhakova Y., Tsarenko Y., Ruth J. A. "I'm mad and I can't get that service failure off my mind" coping and rumination as mediators of anger effects on customer intentions [J]. Journal of Service Research, 2012, 15 (4): 414-429.

[317] Swanson S. R., Davis J. C. The relationship of differential loci with perceived quality and behavioral intentions [J]. Journal of Services Marketing, 2003, 17 (2): 202-219.

[318] Swanson S. R., Hsu M. K. Critical incidents in tourism: Failure, recovery, customer switching, and word-of-mouth behaviors [J]. Journal of Travel & Tourism Marketing, 2009, 26 (2): 180-194.

[319] Tan C W., Benbasat I., Cenfetelli R. T. An exploratory study of the formation and impact of electronic service failures [J]. MIS Quarterly, 2016, 40 (1): 1-29.

[320] Tax S. S., Brown S. W., Chandrashekaran M. Customer evaluations of service complaint experiences: Implications for relationship marketing [J]. Journal of Marketing, 1998, 62 (2): 60-76.

[321] Teng C. I., Chen A. S. Y., Chang H. Y., et al. Service failure, time pressure, and conscientiousness of service providers: The dual processing model perspective [J]. Service Business, 2014, 8 (4): 659-677.

[322] Teuchmann K., Totterdell P., Parker S. K. Rushed, unhappy, and drained: An experience sampling study of relations between time pressure, perceived control, mood, and emotional exhaustion in a group of accountants [J]. Journal of Occupational Health Psychology, 1999, 4 (1): 37-54.

[323] Tsiros M., Mittal V., Jr W. T. R. The role of attributions in cus-

tomer satisfaction: A reexamination [J]. Journal of Consumer Research, 2004, 31 (2): 476 - 483.

[324] Um T., Kim T., Chung N. How does an intelligence chatbot affect customers compared with self-service technology for sustainable services? [J]. Sustainability, 2020, 12 (12): 1 - 21.

[325] Vaerenbergh Y. V., Hazée S., Costers A. Customer participation in service recovery: A meta-analysis [J]. Marketing Letters, 2018, 29 (4): 465 - 483.

[326] Vaerenbergh Y. V., Orsingher C., Vermeir I., et al. A meta-analysis of relationships linking service failure attributions to customer outcomes [J]. Journal of Service Research, 2014, 17 (4): 381 - 398.

[327] Van der Heijden H. User acceptance of hedonic information systems [J]. MIS Quarterly, 2004, 28 (4): 695 - 704.

[328] Van Emmerik I. H., Jawahar I. M. The independent relationships of objective and subjective workload with couples' mood [J]. Human Relations, 2006, 59 (10): 1371 - 1392.

[329] Vargo S. L., Lusch R. F. Evolving to a new dominant logic for marketing [J]. Journal of Marketing, 2004, 68 (1): 1 - 27.

[330] Venkatesh V., Bala H. Technology acceptance model 3 and a research agenda on interventions [J]. Decision Sciences, 2008, 39 (2): 273 - 315.

[331] Verhoef P. C., Lemon K. N., Parasuraman A., et al. Customer experience creation: Determinants, dynamics and management strategies [J]. Journal of Retailing, 2009, 85 (1): 31 - 41.

[332] Vine I. Crowding and stress: Review of variables and theories [J]. Current Psychological Reviews, 1981, 1 (3): 305 - 323.

[333] Wang C., Harris J., Patterson P. The roles of habit, self-efficacy, and satisfaction in driving continued use of self-service technologies: A longitudinal study [J]. Journal of Service Research, 2013, 16 (3): 400 - 414.

[334] Wangenheim F. V. Postswitching negative word of mouth [J]. Jour-

nal of Service Research, 2005, 8 (1): 67 -78.

[335] Wan L., Chan E. Failure is not fatal: Actionable insights on service failure and recovery for the hospitality industry [J]. Boston Hospitality Review, 2019, 7 (1).

[336] Wan L. C., Wyer Jr R. S. The influence of incidental similarity on observers' causal attributions and reactions to a service failure [J]. Journal of Consumer Research, 2019, 45 (6): 1350 -1368.

[337] Washburn A., Adeleye A., An T., et al. Robot errors in proximate HRI: How functionality framing affects perceived reliability and trust [J]. ACM Transactions on Human Robot Interaction, 2020, 9 (3): 1 -22.

[338] Watson D., Tellegen A. Toward a consensual structure of mood [J]. Psychological Bulletin, 1985, 98 (2): 219 -235.

[339] Weiner. A theory of motivation for some classroom experiences [J]. Journal of Educational Psychology, 1979, 71 (1): 3 -25.

[340] Weiner B. An attributional theory of achievement motivation and emotion [J]. Psychological Review, 1985, 92 (4): 548 -573.

[341] Weiner B. An attributional theory of motivation and emotion [M]. New York: Springer, 1986.

[342] Weiner B. Reflections on the history of attribution theory and research: People, personalities, publications, problems [J]. Social Psychology, 2008, 39 (3): 151 -156.

[343] Weun S., Beatty S. E., Jones M. A. The impact of service failure severity on service recovery evaluations and post-recovery relationships [J]. Journal of Services Marketing, 2004, 18 (2): 133 -146.

[344] White A., Breazeale M., Collier J. E. The effects of perceived fairness on customer responses to retailer SST push policies [J]. Journal of Retailing, 2012, 88 (2): 250 -261.

[345] Whiting A. Push, scream, or leave: How do consumers cope with crowded retail stores? [J]. Journal of Services Marketing, 2009, 23 (7):

487－495.

[346] Winsted K. F. Evaluating service encounters: A cross-cultural and cross-industry exploration [J]. Journal of Marketing Theory and Practice, 1999, 7 (2): 106－123.

[347] Wirtz J., Patterson P. G., Kunz W. H., et al. Brave new world: Service robots in the frontline [J]. Journal of Service Management, 2018, 29 (5): 907－931.

[348] Wolosin R. J., Sherman S. J., Till A. Effects of cooperation and competition on responsibility attribution after success and failure [J]. Journal of Experimental Social Psychology, 1973, 9 (3): 220－235.

[349] Wong N. Y. The role of culture in the perception of service recovery [J]. Journal of Business Research, 2004, 57 (9): 957－963.

[350] Xinan Xu, Juan Liu. Artificial intelligence humor in service recovery [J]. Annals of Tourism Research, 2022 (95): 103439.

[351] Xing X., Song M., Duan Y., et al. Effects of different service failure types and recovery strategies on the consumer response mechanism of chatbots [J]. Technology in Society, 2022, 70: 102049.

[352] Xu Y., Tronvoll B., Edvardsson B. Recovering service failure through resource integration [J]. Service Industries Journal, 2014, 34 (15－16): 1253－1271.

[353] Yen H. J. R., Gwinner K. P., Su W. The impact of customer participation and service expectation on locus attributions following service failure [J]. International Journal of Service Industry Management, 2004, 15 (1): 7－26.

[354] Yi S., Baumgartner H. Coping with negative emotions in purchase-related situations [J]. Journal of Consumer Psychology, 2004, 14 (3): 303－317.

[355] Yi Y., Kim S. Y. The role of other customers during self-service technology failure [J]. Service Business, 2017, 11 (4): 695－715.

[356] Zakay D. The impact of time perception processes on decision-making under time stress [A]. // Svenson O., Maule A. J. Time pressure and

stress in human judgment and decision making [C]. New York: Plenum, 1993: 59 - 72.

[357] Zeithaml V. A., Bitner M. J., Gremler D. D., et al. Services marketing: Integrating customer focus across the firm [M]. 4th ed. New York: McGraw-Hill Companies, 2006.

[358] Zeithaml V. A., Parasuraman A., Malhotra A. Service quality delivery through web sites: A critical review of extant knowledge [J]. Journal of the Academy of Marketing Science, 2002, 30 (4): 362 - 375.

[359] Zeithaml V. Berry L., Parasuraman A. Communication and control processes in the delivery of service quality [J]. Journal of Marketing, 1988, 52 (4): 35 - 48.

[360] Zhou Y., Tsang A. S. L., Huang M., Zhou N. Does delaying service-failure resolution ever make sense? [J]. Journal of Business Research, 2014, 67 (2): 159 - 166.

[361] Zhu Z., Nakata C., Sivakumar K., et al. Fix it or leave it?: Customer recovery from self-service technology failures [J]. Journal of Retailing, 2013, 89 (1): 15 - 29.

[362] Zwick D., Bonsu S. K., Darmody A. Putting consumers to work: Co-creationand new marketing govern-mentality [J]. Journal of Consumer Culture, 2008, 8 (2): 163 - 196.

附　录

附录 1　访谈提纲

先生/女士：

您好，首先感谢您能抽出时间参与本次简单的访谈！

我们目前正在进行一项有关“在线自助服务”的课题研究工作。本访谈目的是了解您在使用自助服务过程中所遇到的失败和后续进行补救的情况。

该访谈中的自助服务主要是指基于互联网的/在线的、交易性的自助服务，例如网络银行服务、网络充值服务、网络支付服务等。

本次访谈涉及以下几个名词的意思如下：

(1) 自助服务：在没有服务人员直接参与的情况下，独立完成相关服务。

(2) 服务失败：服务没有达到顾客期望的水平，导致顾客不满意。

(3) 服务补救：服务提供方（或顾客自己）对服务失败采取的补救措施。

请您结合您使用这些自助服务过程中的真实经历回答以下问题，问题答案没有对错之分。您回答的信息仅用于科学研究，绝不会用于任何商业活动，您的回答将会受到严格的保密，请您不要有任何顾虑。

请您回忆在过去 3 年中，您曾经遇到过的，让您印象最深刻的某一次自助服务失败的经历，并根据当时的真实情况回答以下问题：

1. 请您按照以下几个方面，尽可能详尽地描述该自助服务失败事件：

(1) 该自助服务的类型是：(　　)

A. 网络支付　B. 网络银行　C. 网络充值　D. 其他：__________

（2）地点、相应网站、服务提供方：______________________

（3）请详尽描述该服务失败的具体经过。

2. 请您描述当时这个服务失败出现的时候，您的表现是什么样的？（例如，您打算怎么解决？您又做了些什么？）

3. 为了解决您所遇到的该服务失败，服务提供方做了什么？

4. 如果该服务失败事件最终没有得到解决，您认为具体原因是什么？

5. 性别：（　　）　A. 男性　B. 女性

6. 年龄：（　　）　A. 17岁及以下　B. 18～22岁　C. 23～27岁　D. 28～35岁　E. 36岁及以上

7. 学历：（　　）　A. 初中及以下　B. 高中及中专　C. 大专及本科　D. 硕士生及以上

附录 2　调查问卷

附录 2－1　实验 1 调查问卷

亲爱的同学：

你好！感谢你接受本次问卷调查。我们正在开展一项关于自助服务（例如，ATM 机、自助收银、自助购票、网络购物等）使用的研究。你需要阅读一些情景材料描述，根据你对描述内容的感觉来回答问题即可。

需要强调的是：你所回答的问题答案并无所谓对错，只要反映你个人真实想法即可。我们向你承诺，本次调查不需要署名，你的回答只用于学术研究，资料绝不会泄密，请你放心如实填写！非常感谢你的大力支持！

填表说明

问卷问题全部是单选题。请认真填答每一道题目，不要遗漏。

如果有题未能列出适合您的项目，请在该题的空白处填写您的具体想法。

请你认真阅读完下面一段文字材料，并根据你的实际感受回答后面的问题。

实验情景 1

请你想象一下，这个周末你准备坐地铁外出逛街，当你到达地铁站准备买票时，你发现人工窗口没开，而且窗口贴的通知显示“即日起，地铁公司决定暂停人口售票窗口售票，请各位乘客使用自助售票机购票，由此给您带来的不便敬请谅解”。因此，你不得不使用地铁站的自助购票机购票。在你选择好搭乘的线路及终点后，自助购票机界面提示你扫码完成支付。但是当你扫码完成支付后，自助售票机界面却卡住不动了，无法显示缴费成功，也无法取出你购买的车票。

实验情景 2

请你想象一下，这个周末你准备坐地铁外出逛街，当你到达地铁站准备买票时，你发现不仅可以用人工窗口购票，而且旁边还有自助购票机，可以按照机器上面的操作流程购票。你选择使用自助购票机购票，在你选择好搭乘的线路及终点后，自助购票机界面提示你扫码完成支付。但是当你扫码完成支付后，自助售票机界面却卡住不动了，无法显示缴费成功，也无法取出你购买的车票。

请结合上述情景材料，根据你的真实看法填写下表，在相应的方框中打"✓"。

题项	完全不同意	不同意	不确定	同意	完全同意
我会思考我要怎么最好地处理这个问题					
我会试图想出一个关于下一步怎么做的计划					
我会思考要采取什么步骤解决问题					
我知道该对自助售票机做什么并且我做到了					
我会联系地铁站工作人员帮我解决问题					
我意识到我把问题归咎到了自己身上					
我接受这个问题发生并且不能改变					
对使用自助售票机购票失败这件事，我将学习如何接受					
我认为没有人可以责怪我					
我意识到我必须接受这种情况					
我会让地铁站工作人员知道这件事让我有多烦躁					
我表达自己的看法并对此进行阐述					
我联系地铁站工作人员抱怨这个情况					
我会向地铁站工作人员发送有关问题的投诉电子邮件，并请他或她改正					
我会毫无保留地向地铁站工作人员表达我的不满情绪					
我放弃尝试用地铁站自助售票机购票					
我承认我无法用地铁站自助售票机购票					
我放弃使用地铁站自助售票机购票					
我不得不承认，使用地铁站自助售票机购票毫无意义					

你的性别：（　　）A. 男　　B. 女

你的年级：（　　）A. 大一　B. 大二　C. 大三　D. 大四　E. 研究生及以上

非常感谢你的支持！

附录2-2　实验2调查问卷

亲爱的同学：

你好！感谢你接受本次问卷调查。我们正在开展一项关于自助服务（例如，ATM机、自助收银、自助购票、网络购物等）使用的研究。你需要阅读一些情景材料描述，根据你对描述内容的感觉来回答问题即可。

需要强调的是：你所回答的问题答案并无所谓对错，只要反映你个人真实想法即可。我们向你承诺，本次调查不需要署名，你的回答只用于学术研究，资料绝不会泄密，请你放心如实填写！非常感谢你的大力支持！

填表说明

问卷问题全部是单选题。请认真填答每一道题目，不要遗漏。

如果有题未能列出适合您的项目，请在该题的空白处填写您的具体想法。

请你认真阅读完下面一段文字材料，并根据你的实际感受回答后面的问题。

实验情景1

请你想象一下，这个周末你到学校附近的一家超市购物。当你选购好商品准备到收银台结账时，你看到人工收银台没有收银员，并且在收银台上摆放着“暂停营业，敬请谅解”的提示牌。你不得不使用超市的自助收银机进行结账。你按照操作提示，逐一扫描完商品后，收银机界面提示你扫码完成支付。正当你准备扫码支付时，你突然发现还没有购买购物袋，扫描完的商品无法打包带走，你在收银机界面上没有找到购买购物袋的按钮或提示。

实验情景 2

请你想象一下，这个周末你到学校附近的一家超市购物。当你选购好商品准备到收银台结账时，你看到超市里既有人工收银台缴费，也可以使用超市的自助收银机缴费。你选择了自助收银机进行结账。同样地，你按照操作提示，逐一扫描完商品后，收银机界面提示你扫码完成支付。正当你准备扫码支付时，你突然发现还没有购买购物袋，扫描完的商品无法打包带走，你在收银机界面上没有找到购买购物袋的按钮或提示。

请结合上述情景材料，根据你的真实看法填写下表，在相应的方框中打“✓”。

题项	完全 不同意	不同意	不确定	同意	完全 同意
该超市强迫我使用自助收银机结账	完全不同意	不同意	不确定	同意	完全同意
该超市强迫我不要使用传统的人工柜台结账					
我之前遇到过这样的问题					
这类问题很常见					
我过去曾经多次遇到这样的服务失败					
我过去从未遇到像这样的服务失败					
我觉得是超市自助收银机导致了这个问题					
我认为是超市的服务器导致了这个问题					
我认为是超市的服务流程/制度导致了这个问题					
我觉得是我自己的原因导致了这个问题					
我觉得以上情景中的这个问题产生的原因很可能是	临时性的		不确定		永久性的
我觉得以上情景中的这个问题产生的原因很可能是	偶尔发生		不确定		经常发生
我觉得以上情景中的这个问题产生的原因很可能会	随时间改变		不确定		不会随时间改变

续表

题项	完全不同意	不同意	不确定	同意	完全同意
我会思考我要怎么最好地处理这个问题					
我会试图想出一个关于下一步怎么做的计划					
我会思考要采取什么步骤解决问题					
我知道该对自助收银机做什么并且我做到了					
我联系超市服务人员帮我解决问题					
我意识到我把问题归咎到了自己身上					
我接受这个问题发生并且不能改变					
对使用自助收银机结账失败这件事，我将学习如何接受					
我认为没有人可以责怪我					
我意识到我必须接受这种情况					
我会让这家超市知道这件事让我有多烦躁					
我表达自己的看法并对此进行阐述					
我联系超市服务人员抱怨这个情况					
我向超市售后部门发送有关问题的电子邮件，并请他或她改正					
我会毫无保留地向超市服务人员表达我的不满情绪					
我放弃尝试用自助收银机结账					
我承认我无法用自助收银机结账					
我放弃使用自助收银机结账					
我不得不承认，使用自助收银机结账毫无意义					

你的性别：（　　）A. 男　　B. 女

你的年级：（　　）A. 大一　　B. 大二　　C. 大三

D. 大四　　E. 研究生及以上

非常感谢你的支持！

附录2－3　实验3调查问卷

亲爱的同学：

你好！感谢你接受本次问卷调查。我们正在开展一项关于自助服务（例如，ATM机、自助收银、自助购票、网络购物等）使用的研究。你需要阅读一些情景材料描述，根据你对描述内容的感觉来回答问题即可。

需要强调的是：你所回答的问题答案并无所谓对错，只要反映你个人真实想法即可。我们向你承诺，本次调查不需要署名，你的回答只用于学术研究，资料绝不会泄密，请你放心如实填写！非常感谢你的大力支持！

填表说明

问卷问题全部是单选题。请认真填答每一道题目，不要遗漏。

如果有题未能列出适合您的项目，请在该题的空白处填写您的具体想法。

请你认真阅读完下面一段文字材料，并根据你的实际感受回答后面的问题。

实验情景1

请你想象一下，你在网上预约了一家餐厅，你打算和你最要好的朋友去庆祝一个非常重要的纪念日。你在线交了定金，预约不可取消。你们到了餐厅以后发现没有人工点餐服务，你不得不使用餐厅的触摸屏点餐。你建议你的好朋友点牛排，因为你从朋友那里听说这家餐厅的牛排很棒。15分钟后，服务员送上你们点的牛排。但是你注意到，牛排上面点缀着洋葱，你的好朋友很不开心，一个愉快的晚餐时光被毁了。你的好朋友告诉服务员他（她）对洋葱严重过敏。服务员检查了触摸屏并与他们的技术人员确认，表示是后台服务器出现故障，因为在正常情况下，触摸屏上应该提示："菜单上的所有牛排都配有洋葱"，并且还应该询问顾客"是否不想要洋葱"。

实验情景 2

请你想象一下，你在网上预约了一家餐厅。你在线交了定金，预约不可取消。你到了餐厅以后发现没有人工点餐服务，你不得不使用餐厅的触摸屏点餐。因为你从朋友那里听说这家餐厅的牛排很棒，于是你决定在触摸屏上点它。15 分钟后，服务员送上你点的牛排。你注意到牛排上面点缀着洋葱，你有点不高兴。你告诉服务员你不喜欢洋葱。服务员检查了触摸屏并与他们的技术人员确认，表示是后台服务器出现故障，因为在正常情况下，触摸屏上应该提示："菜单上的所有牛排都配有洋葱"，并且还应该询问顾客"是否不想要洋葱"。

实验情景 3

请你想象一下，你在网上预约了一家餐厅，打算和你最要好的朋友去庆祝一个非常重要的纪念日。你在线交了定金，预约可取消。你们到了餐厅以后发现，可以自主选择服务员人工点餐，或直接使用餐厅的触摸屏点餐。由于服务员人工点餐需要等待，于是你们决定在触摸屏上点餐。你建议你的好朋友点牛排，因为你从朋友那里听说这家餐厅的牛排很棒。15 分钟后，服务员送上你们点的牛排。但是你注意到，牛排上面点缀着洋葱，你的好朋友很不开心，一个愉快的晚餐时光被毁了。你的好朋友告诉服务员他（她）对洋葱严重过敏。服务员检查了触摸屏并与他们的技术人员确认，表示是后台服务器出现故障，因为在正常情况下，触摸屏上应该提示："菜单上的所有牛排都配有洋葱"，并且还应该询问顾客"是否不想要洋葱"。

实验情景 4

请你想象一下，你在网上预约了一家餐厅。你在线交了定金，预约可取消。你到了餐厅以后发现，可以自主选择服务员人工点餐，或直接使用餐厅的触摸屏点餐。你从朋友那里听说这家餐厅的牛排很棒，但是由于服务员人工点餐需要等待，于是你决定在触摸屏上点餐。15 分钟后，

服务员送上你点的牛排。但是你注意到，牛排上面点缀着洋葱，你有点不高兴。你告诉服务员你不喜欢洋葱。服务员检查了触摸屏并与他们的技术人员确认，表示是后台服务器出现故障，因为在正常情况下，触摸屏上应该提示："菜单上的所有牛排都配有洋葱"，并且还应该询问顾客"是否不想要洋葱"。

请结合上述情景材料，根据你的真实看法填写下表，在相应的方框中打"✓"。

题项	你的真实看法				
	无关紧要的服务失败	轻微的服务失败	一般的服务失败	严重的服务失败	重大的服务失败
在我看来，我在这家餐厅遇到的问题是一个	小问题		中度问题		重大问题
在我看来，我在餐厅遇到的问题对我造成了	轻度不便		一般不便		严重不便
在我看来，我在餐厅遇到的问题使我	些许恼怒		一般恼怒		非常恼怒
这家餐厅强迫我使用触摸屏点餐服务	完全不同意	不同意	不确定	同意	完全同意
这家餐厅强迫我不能使用传统的人工点餐服务					
我觉得是餐厅触摸屏导致了这个问题					
如果在开始时有人告诉我如何使用触摸屏，我能使用它					
如果在开始时其他人帮助我使用触摸屏，我能使用它					
如果有触摸屏的操作说明供我参考，我能使用它					
我认为是餐厅的服务器导致了这个问题					

续表

题项	你的真实看法				
	无关紧要的服务失败	轻微的服务失败	一般的服务失败	严重的服务失败	重大的服务失败
我认为是餐厅的服务流程/制度导致了这个问题	完全不同意	不同意	不确定	同意	完全同意
我觉得是我自己的原因导致了这个问题	完全不同意	不同意	不确定	同意	完全同意
我觉得以上情景中的这个问题产生的原因很可能是	临时性的		不确定		永久性的
我觉得以上情景中的这个问题产生的原因很可能是	偶尔发生		不确定		经常发生
我觉得以上情景中的这个问题产生的原因很可能会	随时间改变		不确定		不会随时间改变
我会思考我要怎么最好地处理这个问题	完全不同意	不同意	不确定	同意	完全同意
我会试图想出一个关于下一步怎么做的计划					
我会思考要采取什么步骤解决问题					
我知道该对触摸屏做什么并且我做到了					
我联系餐厅帮我解决问题					
我意识到我把问题归咎到了自己身上					
我接受这个问题发生并且不能改变					
对使用触摸屏点餐失败这件事，我将学习如何接受					
我认为没有人可以责怪我					
我意识到我必须接受这种情况					
我会让餐厅知道这件事让我有多烦躁					
我表达自己的看法并对此进行阐述					
我联系餐厅抱怨这个情况					

续表

题项	你的真实看法				
	无关紧要的服务失败	轻微的服务失败	一般的服务失败	严重的服务失败	重大的服务失败
我向餐厅售后部门发送有关问题的电子邮件，并请他或她改正					
我会毫无保留地向餐厅表达我的不满情绪					
我放弃尝试用触摸屏点餐					
我承认我无法用触摸屏点餐					
我放弃使用触摸屏点餐					
我不得不承认，使用触摸屏点餐毫无意义					

你的性别：(　　) A. 男　　B. 女

你的年级：(　　) A. 大一　B. 大二　C. 大三　D. 大四　E. 研究生及以上

非常感谢你的支持！

附录 2 –4　实验 4 调查问卷

亲爱的同学：

你好！感谢你接受本次问卷调查。我们正在开展一项关于自助服务（例如，ATM 机、自助收银、自助购票、网络购物等）的研究。你需要阅读一些情景材料描述，根据你对描述内容的感觉来回答问题即可。

需要强调的是：你所回答的问题答案并无所谓对错，只要反映你个人真实想法即可。我们向你承诺，本次调查不需要署名，你的回答只用于学术研究，资料绝不会泄密，请你放心如实填写！非常感谢你的大力支持！

填表说明

问卷问题全部是单选题。请认真填答每一道题目，不要遗漏。

如果有题未能列出适合您的项目，请在该题的空白处填写您的具体想法。

请你认真阅读完下面一段文字材料，并根据你的实际感受回答后面的问题。

实验情景 1

请你想象一下，这个周末你到学校附近的一家超市购物。你选购好商品后使用自助收银机进行结账。你按照操作提示，逐一扫描完商品后，收银机界面提示你扫码完成支付。正当你准备扫码支付时，你突然发现还没有购买购物袋，扫描完的商品无法打包带走，你在收银机界面上没有找到购买购物袋的按钮或提示。此时，你注意到你身后出现了越来越多的顾客排队等待使用自助收银机结账。

实验情景 2

请你想象一下，这个周末你到学校附近的一家超市购物。你选购好商品后使用自助收银机进行结账。你按照操作提示，逐一扫描完商品后，收银机界面提示你扫码完成支付。正当你准备扫码支付时，你突然发现还没有购买购物袋，扫描完的商品无法打包带走，你在收银机界面上没有找到购买购物袋的按钮或提示。此时，你注意到你周围没有其他顾客等待使用自助收银机结账。

请结合上述情景材料，根据你的真实看法填写下表，在相应的方框中打“✓”。

题项	你的真实看法				
	完全不同意	不同意	不确定	同意	完全同意
这家超市非常繁忙					
在我购物期间这家超市有非常多的顾客					
在我购物过程中这家超市非常拥挤					
在这种情形下，我感觉到快乐					
在这种情形下，我感觉到满意					
在这种情形下，我感觉到自信					
在这种情形下，我感觉到放松					
在这种情形下，我感觉到满足					

续表

题项	你的真实看法				
	完全不同意	不同意	不确定	同意	完全同意
在这种情形下，我感觉到自由					
在这种情形下，我感觉到紧张					
在这种情形下，我感觉到愤怒					
在这种情形下，我感觉到沮丧					
在这种情形下，我感觉到匆忙					
在这种情形下，我感觉到焦急					

你的性别：(　　)　A. 男　B. 女

你的年龄：(　　)

非常感谢你的支持！

附录2-5　实验5调查问卷

亲爱的同学：

你好！感谢你接受本次问卷调查。我们正在开展一项关于自助服务（例如，ATM机、自助收银、自助购票、网络购物等）的研究。你需要阅读一些情景材料描述，根据你对描述内容的感觉来回答问题即可。

需要强调的是：你所回答的问题答案并无所谓对错，只要反映你个人真实想法即可。我们向你承诺，本次调查不需要署名，你的回答只用于学术研究，资料绝不会泄密，请你放心如实填写！非常感谢你的大力支持！

填表说明

问卷问题全部是单选题。请认真填答每一道题目，不要遗漏。

如果有题未能列出适合您的项目，请在该题的空白处填写您的具体想法。

请你认真阅读完下面一段文字材料，并根据你的实际感受回答后面的问题。

实验情景 1

请你想象一下，这个周末你准备坐火车回家，你到达火车站后选择自助售票机购票。你按照自助售票机界面的操作流程，选择好你要乘坐的车次，并按照提示扫码完成支付，这时你突然发现自助售票机界面卡住不动了，无法显示缴费成功，也无法打印出你所购买的车票。此时，你注意到你身后出现了越来越多的顾客排队，等待使用自助售票机购票，而且离你已经支付完成的车票的火车开车时间还有 2 个多小时。

实验情景 2

请你想象一下，这个周末你准备坐火车回家，你到达火车站后选择自助售票机购票。你按照自助售票机界面的操作流程，选择好你要乘坐的车次，并按照提示扫码完成支付，这时你突然发现自助售票机界面卡住不动了，无法显示缴费成功，也无法打印出你所购买的车票。此时，你注意到你身后出现了越来越多的顾客排队，等待使用自助售票机购票，而且离你已经支付完成的车票的火车开车时间还有不到 30 分钟。

实验情景 3

请你想象一下，这个周末你准备坐火车回家，你到达火车站后选择自助售票机购票。你按照自助售票机界面的操作流程，选择好你要乘坐的车次，并按照提示扫码完成支付，这时你突然发现自助售票机界面卡住不动了，无法显示缴费成功，也无法打印出你所购买的车票。此时，你注意到你周围没有其他顾客等待使用自助售票机购票，而且离你已经支付完成的车票的火车开车时间还有 2 个多小时。

实验情景 4

请你想象一下，这个周末你准备坐火车回家，你到达火车站后选择自助售票机购票。你按照自助售票机界面的操作流程，选择好你要乘坐的车次，并按照提示扫码完成支付，这时你突然发现自助售票机界面卡住不动了，无法显示缴费成功，也无法打印出你所购买的车票。此时，你注意到你周围没有其他顾客等待使用自助售票机购票，而且离你已经支付完成的车票的火车开车时间还有不到 30 分钟。

请结合上述情景材料，根据你的真实看法填写下表，在相应的方框中打“✓”。

题项	你的真实看法				
	完全不同意	不同意	不确定	同意	完全同意
这个火车站非常繁忙					
在我购票过程中，这个火车站有非常多的乘客					
在我购票过程中，这个火车站非常拥挤					
我发现自己的时间很紧张					
我很着急					
我只有非常有限的时间去处理我的购票过程					
我没有足够的时间去悠闲地处理我的购票过程					

以下为你的个人信息，下面的描述和你相符吗？请根据你的真实看法打“✓”。

题项	你的真实看法				
	完全不同意	不同意	不确定	同意	完全同意
在这种情形下，我感觉到快乐					
在这种情形下，我感觉到满意					
在这种情形下，我感觉到自信					
在这种情形下，我感觉到放松					
在这种情形下，我感觉到满足					
在这种情形下，我感觉到自由					
在这种情形下，我感觉到紧张					
在这种情形下，我感觉到愤怒					
在这种情形下，我感觉到沮丧					
在这种情形下，我感觉到匆忙					
在这种情形下，我感觉到焦急					

你的性别：(　　) A. 男　B. 女

你的年龄：(　　)

非常感谢你的支持！

附录2-6　实验6调查问卷

亲爱的同学：

你好！感谢你接受本次问卷调查。我们正在开展一项关于自助服务（例如，ATM机、自助收银、自助购票、网络购物等）的研究。你需要阅读一些情景材料描述，根据你对描述内容的感觉来回答问题即可。

需要强调的是：你所回答的问题答案并无所谓对错，只要反映你个人真实想法即可。我们向你承诺，本次调查不需要署名，你的回答只用于学术研究，资料绝不会泄密，请你放心如实填写！非常感谢你的大力支持！

填表说明

问卷问题全部是单选题。请认真填答每一道题目，不要遗漏。

如果有题未能列出适合您的项目，请在该题的空白处填写您的具体想法。

请你认真阅读完下面一段文字材料，并根据你的实际感受回答后面的问题。

实验情景1

请你想象一下，你准备周五晚上去外面吃饭，吃完饭后再去看一部刚上映的电影。你决定在吃晚饭前去买电影票，以保证能买到你想要的观影位置。在电影院，你使用自助售票机购买电影票。在找到你要看的电影和场次后，自助售票机跳转到支付页面。你扫描二维码完成支付，但在自助售票机出票之前，自助售票机界面突然冻结，无法打印电影票。你发现，你购买了即将场次上映的电影票，而不是你所需时间的电影票。电影院规定：电影开始上映后不允许退票。而且你身后出现了越来越多的顾客排队，等待使用自助售票机购票。

实验情景 2

请你想象一下，你准备周五晚上去外面吃饭，吃完饭后再去看一部刚上映的电影。你决定在吃晚饭前去买电影票，以保证能买到你想要的观影位置。在电影院，你使用自助售票机购买电影票。在找到你要看的电影和场次后，自助售票机跳转到支付页面。你扫描二维码完成支付，但在自助售票机出票之前，自助售票机界面突然冻结，无法打印电影票。你发现，现在离你购买的电影票的放映时间还有两个多小时。而且你身后出现了越来越多的顾客排队，等待使用自助售票机购票。

实验情景 3

请你想象一下，你准备周五晚上去外面吃饭，吃完饭后再去看一部刚上映的电影。你决定在吃晚饭前去买电影票，以保证能买到你想要的观影位置。在电影院，你使用自助售票机购买电影票。在找到你要看的电影和场次后，自助售票机跳转到支付页面。你扫描二维码完成支付，但在自助售票机出票之前，自助售票机界面突然冻结，无法打印电影票。你发现，你购买了即将场次上映的电影票，而不是你所需时间的电影票。电影院规定：电影开始上映后不允许退票。而且你周围没有其他顾客等待使用自助售票机购票。

实验情景 4

请你想象一下，你准备周五晚上去外面吃饭，吃完饭后再去看一部刚上映的电影。你决定在吃晚饭前去买电影票，以保证能买到你想要的观影位置。在电影院，你使用自助售票机购买电影票。在找到你要看的电影和场次后，自助售票机跳转到支付页面。你扫描二维码完成支付，但在自助售票机出票之前，自助售票机界面突然冻结，无法打印电影票。你发现，现在离你购买的电影票的放映时间还有两个多小时。而且你周围没有其他顾客等待使用自助售票机购票。

请结合上述情景材料，根据你的真实看法填写下表，在相应的方框中打“✓”。

题项	你的真实看法				
	完全不同意	不同意	不确定	同意	完全同意
这家电影院非常繁忙					
在我购票过程中，这家电影院有非常多的顾客					
在我购票过程中，这家电影院非常拥挤					
我发现自己的时间很紧张					
我很着急					
我只有非常有限的时间去完成我的购票过程					
我没有足够的时间去悠闲地完成我的购票过程					
在这种情形下，我感觉到快乐					
在这种情形下，我感觉到满意					
在这种情形下，我感觉到自信					
在这种情形下，我感觉到放松					
在这种情形下，我感觉到满足					
在这种情形下，我感觉到自由					
在这种情形下，我感觉到紧张					
在这种情形下，我感觉到愤怒					
在这种情形下，我感觉到沮丧					
在这种情形下，我感觉到匆忙					
在这种情形下，我感觉到焦急					
如果我尝试自行补救，我会在没有公司员工帮助的情况下成功解决问题					
如果我尝试自行补救，我能控制解决问题的过程					
如果我尝试自行补救，我会找到解决问题的方法					
我很乐意在这家电影院看电影					
我对这家电影院的观影体验感到满意					
有了选择，我可能不会回到这家电影院					
我会向其他人推荐这家电影院					

以下为你个人信息，下面的描述和你相符吗？请根据你的真实看法打“✓”。

题项	你的真实看法				
	完全不同意	不同意	不确定	同意	完全同意
我可以处理任何事情					
过去的成功会为我接受新的挑战提供信心					
我有较强的应对压力的能力					
无论如何我都会尽最大努力					
当事情看起来毫无希望时，我不会放弃					
在压力之下，我会集中注意力并思考清楚					
我不容易因失败而气馁					
我将自己视为坚强的人					
我可以处理不愉快的感受					
我喜欢挑战					
我会努力实现目标					

你的性别：(　　)　A. 男　B. 女

你的年龄：(　　)

非常感谢你的支持！